Rheinland-Pfalz aus der Luft

Gunther Kopp

Rheinland-Pfalz aus der Luft

Konzeption und Texte
von Ulrike und Joachim Glatz

VERLAG PHILIPP VON ZABERN · MAINZ AM RHEIN

184 Seiten mit 106 Farb- und 1 Schwarzweißabbildung

Cover: Mainz am Rhein
Vorsatz vorne: Landstuhler Bruch, Sickinger Höhe
Seite 184: Dunzweiler
Vorsatz hinten: Landschaft Raum Potzberg

alle Abbildungen von Gunther Kopp – *www.koppfoto.de*

Bibliografische Information der Deutschen Nationalbibliothek

Die Deutsche Nationalbibliothek verzeichnet diese Publikation in der Deutschen Nationalbibliografie; detaillierte bibliografische Daten sind im Internet über <*http://dnb.d-nb.de*> abrufbar.

Weitere Publikationen aus unserem Programm finden Sie unter:
www.zabern.de

ISBN: 978-3-8053-3787-8
Gestaltung: Ragnar Schön, Verlag Philipp von Zabern, Mainz

Printed in Germany by Philipp von Zabern
Printed on fade resistant and archival quality paper (PH 7 neutral) · tcf

Inhaltsverzeichnis

Zum Geleit

Rheinland-Pfalz feiert sein 60jähriges Bestehen. Gemessen an der langen Kultur- oder gar Erdgeschichte, die sich in seiner Landschaft und deren Denkmälern spiegelt, ist das kaum mehr als ein Augenblick.

Grund genug einen Moment inne zu halten und einen Blick aus einer ungewöhnlichen Perspektive auf das Bundesland Rheinland-Pfalz zu werfen. Von oben betrachtet, erschließt sich die ganze Vielfalt dieses Landes und vermeintlich Vertrautes eröffnet viele neue Blickwinkel: Acht Regionen stellen sich in diesem prachtvollen Luftbildband dem historisch wie allgemein Interessierten vor.

Die Geschichte hat in Rheinland-Pfalz viele Spuren hinterlassen. Dieses Bundesland beherbergt in seinen Grenzen die meisten Welterbestätten der Bundesrepublik. Rund 500 Burgen und Schlösser recken ihre hohen Mauern gen Himmel und sind, als Herrschaftssitze oder Zollstationen an bedeutenden mittelalterlichen Wegen und Straßen gelegen, Zeugen für die große Bedeutung, die unsere Region als wirtschaftliche Achse und kulturelle Brücke stets hatte.
Dass Rheinland-Pfalz in allen großen Epochen der deutschen Geschichte eine herausragende Rolle gespielt hat, belegen Orte wie Trier, das Sitz des römischen Kaisers Konstantin war, die karolingische Kaiserpfalz in Ingelheim oder auch der Dom zu Speyer, in dem die Gräber der großen Salierkaiser ihren Platz haben.
Kaum eine Landeshauptstadt kann von sich behaupten, über so lange Zeit einen politischen und administrativen Hauptstadtcharakter besessen zu haben, wie Mainz: Einst Hauptstadt der römischen Provinz Germania Superior und nun Landeshauptstadt von Rheinland-Pfalz.
Doch hat die Geschichte mit ihren zahlreichen Kriegen, die unser Bundesland überzogen, auch Narben hinterlassen – tiefe Spuren der Zerstörung, die gerade aus der Vogelperspektive – direkt wie indirekt – besonders deutlich werden.

Rheinland-Pfalz ist aber auch ein bedeutender Wirtschaftsstandort. Das belegt schon der Blick auf die Industrielandschaft der BASF in Ludwigshafen, die gleichzeitig bedeutende denkmalgeschützte Gebäude beheimatet. Der Flughafen Hahn im Hunsrück ist mittlerweile für rund vier Millionen Reisende ein Dreh- und Angelpunkt.
Die landschaftlich vielfältigsten und größten Weinbaugebiete Deutschlands befinden sich in Rheinland-Pfalz: Wein von der Ahr, der Mosel, aus Rheinhessen und aus der Pfalz oder vom Rhein genießt mittlerweile weltweit einen exzellenten Ruf.
Schließlich ist Rheinland-Pfalz mit dem größten geschlossenen Waldgebiet Deutschlands, dem Pfälzer Wald, für sich genommen schon ein Naturerlebnis, gerade in der Vielfalt.
Seit Generationen locken Wein, Landschaft und Kulturdenkmäler in Rheinland-Pfalz jährlich steigende Zahlen von Gästen an, so dass der Tourismus auch in Zukunft ein wichtiger Wirtschaftsfaktor für Rheinland-Pfalz sein wird.

Dieses Bundesland hat in den 60 Jahren seiner Existenz eine enorme Entwicklung erlebt. Dennoch sind viele Ressourcen noch nicht vollends genutzt. Unser großes kulturelles und landschaftliches Erbe bedeutet zugleich auch Verpflichtung – die Verpflichtung zum Erhalt für zukünftige Generationen. Vieles aus der Geschichte Erlernte gilt es dabei noch für die Zukunftsentwicklung auszuwerten.

Der großartige Luftbildband lädt in Rheinland-Pfalz Beheimatete genauso wie unsere Gäste ein, vertraute Routen auch einmal zu verlassen und Neues zu erkunden. Er wirkt durch seinen Überschaucharakter zu den verschiedenen Regionen Identität schaffend und vermittelt allen Lesern ein umfassendes Bild unserer Heimat.
Für diese informative und attraktive Präsentation unseres Landes Rheinland-Pfalz danke ich den Autoren Gunther Kopp (Luftbildphotograph), Ulrike und Joachim Glatz (Konzeption und Texte) sowie dem Verlag Philipp von Zabern, Mainz. Alle an dem Buch Beteiligten haben Vieles zur besseren Kenntnis von Rheinland-Pfalz in allen seinen Facetten getan. Dafür gebührt ihnen unser aller herzlicher Dank.

Kurt Beck
Ministerpräsident von Rheinland-Pfalz

Trifels

D-MYIF
D-MYIF

Die Euro Fox mit geöffneter Tür. Foto: M. Becker

Von der Idee zum Buch

Es war ein sehr kühler Morgen Ende Oktober. Die Täler meiner Heimat, der Westpfalz, waren mit dichtem Nebel gefüllt und der Nachrichtensprecher im Radio verkündete Sichtweite unter 50 Meter. Es herrschte tiefe Dunkelheit, als ich auf dem Weg zu unserem kleinen Flugplatz war. Wir Privatpiloten sind in erster Linie Schönwetterflieger und so war bei diesem dichten Nebel, an einen Start kaum zu denken.
Da der Flugplatz aber auf einer Höhe von 450 Metern über Normal Null liegt, vermutete ich, dass dort oben die Sichtweiten gut sind. Je näher ich dem Platz kam, umso dünner wurde der Nebel. Und tatsächlich, an diesem Morgen hatte ich Glück. Was mich dort oben erwartete, ließ das Herz höher schlagen. Keine 50 Meter unterhalb des Flugplatzes endete, wie mit dem Lineal gezogen, der dichte Nebel. Darüber empfing mich ein glasklarer Morgen mit einer traumhaften Fernsicht. Am Horizont kündigte sich der Sonnenaufgang an. Nun musste ich mich beeilen. Denn als Tier- & Naturfotograf liebe ich das allererste Morgenlicht.
Das kleine Ultraleichtflugzeug aus der Halle schieben, Vorflugscheck, Kameraausrüstung und Kartenmaterial verstauen sowie GPS-Empfänger in Betrieb nehmen, waren Routine. Vierzig Minuten später war ich in der Luft. Die Sonne war über den Horizont gekrochen und das Ultraleichtflugzeug gewann in der kalten Morgenluft spielend an Höhe. Die Mühen der zahlreichen vergeblichen Versuche waren völlig vergessen. Mir bot sich eine traumhafte Stimmung. Die ersten Sonnenstrahlen tauchten den Nebel in rotgoldenes Licht und nur höhere Erhebungen und Bauwerke ragten daraus empor.
Nach Westen Richtung Saarland endete der Bodennebel, so dass ich problemlos hätte Ausweichflugplätze ansteuern können, falls mir der Nebel den Rückweg zu unserem Flugplatz hätte abgeschnitten. Da ich aus offener Tür fotografiere war ich auf die Kälte dementsprechend vorbereitet und hatte keine Probleme. Mein Flugweg führte mich an diesem Morgen vorbei am verborgenen Landstuhler Bruch, über die Sickinger Höhe, zum Trifels im Pfälzer Wald und weiter zur Rheinebene, die sich wie ein riesiger Fluss aus weißer Watte durch die Landschaft zog. Als ich nach fast drei Stunden wieder am Heimatflugplatz Kusel ankam, war ich noch immer überwältigt von den Eindrücken. Ich weiß, dass nur wenige Privatpiloten in den Genuss dieser Stimmungen kommen.
Der Blick aus der Vogelperspektive ist immer wieder aufs Neue faszinierend und ständig entdecke ich neue Farben, Formen und Bauwerke, leider aber auch oft versteckte Umweltsünden. Es entstand das Bedürfnis, den „erdgebundenen" Menschen diese Eindrücke zu vermitteln. Die Idee zum Buch war geboren. Aus den ersten drei wurden insgesamt 71 Flugstunden und dabei trug mich das kleine, gelbe Ultraleichtflugzeug „klaglos" 8520 km kreuz und quer durch Rheinland-Pfalz.
Ich hoffe, ich kann mit diesem Buch zum 60. Geburtstag dieses Bundeslandes, das eine unglaubliche Fülle an Sehenswertem beherbergt, begeistern.

Sehr wichtig ist eine umfassende Flugvorbereitung

Tobias Faul und Gunther Kopp auf einem Fotoflug

Mein besonderer Dank gilt Dr. Joachim Glatz und Ulrike Glatz, die mit ihrem fundierten Wissen über Rheinland-Pfalz und dessen vielfältigen Kulturgütern, Landschaftsformen und Sehenswürdigkeiten, für den informativen Text verantwortlich zeichnen. Sie haben mich auf viele Besonderheiten in Rheinland-Pfalz aufmerksam gemacht und tatkräftig unterstützt, so dass es möglich wurde, diese Objekte aus der Luft ausfindig zu machen – was nicht immer ganz einfach war.

Danken möchte ich natürlich auch den Mitarbeitern des Verlages Philipp von Zabern für die gute Zusammenarbeit während der Produktion des Bandes und die familiäre Atmosphäre: Allen voran Dr. Annette Nünnerich-Asmus, die die Idee zu diesem Buch spontan aufgegriffen und weiterentwickelt hat; Ragnar Schön für die ansprechende graphische Gestaltung.

Weiterer Dank gebührt Bernhard Scierski für seine, im Vorfeld wichtigen, Informationen und Anregungen. Auch dem „Fluginformationsdienst Langen", dessen Mitarbeiter mich bei meinen Flügen im Luftraum Rheinland-Pfalz über Funk mit wichtigen Informationen versorgten, möchte ich Dank sagen.

Zum Schluss möchte ich mich noch bei Tobias und Melanie Faul bedanken, die mich bei den Flugvorbereitungen und der Navigation unterstützten, oder mir einfach liebenswerte Flugbegleiter und „Copiloten" waren.

Gunther Kopp
Dunzweiler, im Sommer 2007

Einführung

Der Wunsch, die Welt von oben, aus der Vogelperspektive zu betrachten, ist vermutlich so alt wie der Traum vom Fliegen. Die ersten Luftbilder nach unserem Verständnis entstanden um 1860 vom Freiballon aus; bereits im amerikanischen Bürgerkrieg erlangte das Luftbild militärische Bedeutung. Seit der Wende vom 19. zum 20. Jh. erlebte die Entwicklung der Luftbildfotographie ihren endgültigen Durchbruch. Aufnahmen entstanden vom lenkbaren Luftschiff aus und dann vom Flugzeug. Satelliten ermöglichen heute den Blick aus dem Weltall auf die Erde und ihre Regionen.
Bereits vor Jahrhunderten versuchte der Mensch Städte und Landschaften von oben darzustellen über die Karthographie hinaus. Die ältesten naturgetreuen Darstellungen stammen aus dem späten 15. Jh., wobei reale Wiedergaben neben Phantasiebildern stehen können oder sich durchdringen, wie das beispielsweise bei Schedels Weltchronik (1493) der Fall ist. In der Folgezeit werden die Städtebilder genauer. Ein besonderes und wegen seiner Detailtreue faszinierendes Beispiel sind die Vogelschaubilder der Stadt Worms von Peter und Johann Friedrich Hamman vor und nach der Zerstörung 1689 im Pfälzischen Erbfolgekrieg. Es gibt sowohl Wiedergaben der gesamten Stadt wie auch einzelner Monumente aus der Vogelschau.
Im großen Stil stellte Matthäus Merian (1593–1605) Stadtansichten her und vermarktete diese, darunter recht viele aus der Vogelperspektive. Seine Topographie erschien 1642–1688 in 16 Bänden. 1646 entstand der Kupferstich der Stadt Münstermaifeld.
Belagerungskarten und Schlachtpläne etwa der Belagerung von Mainz im Jahre 1793 zeigen die Stadt und ihre Umgebung ebenfalls von oben. Seit dem frühesten Rheinpanorama Friedrich Wilhelm Delkeskamps aus dem Jahr 1837 mit präzisen Ansichten von

Peter Hamman, Worms vor 1689 (Institut für Stadtgeschichte Worms)

Stadt- und Landschaftsbildern werden solche Leporellos von Rhein und Mosel bis heute – in sehr bunter Form – hergestellt.
1970 erschien der Luftbildatlas Rheinland-Pfalz von Walter Sperling und Erich Strunk, herausgegeben von der Landesbildstelle Rheinland-Pfalz. Ein zweiter Band, der Neue Luftbildatlas Rheinland-Pfalz, folgte zwei Jahre später mit dem Untertitel „Landeskunde". Beide Bände zeigen in der Zusammenstellung von Bild und Text verschiedenste Ansichten aus Rheinland-Pfalz.
Von oben schauen bedeutet Weitblick, Überblick und Übersicht. Nichts engt den Blick ein, nichts verstellt den Blick. Sichtbar werden die Schönheiten der Kulturlandschaften, aber auch die negativen Veränderungen.
Die Aufteilung des Landes in acht Regionen bzw. Landschaften kann naturgemäß nicht alle Facetten aufzeigen. Über 80 Luftbilder sollen einen möglichst vielfältigen Eindruck der verschiedenen Landschaften mit ihren Städten und Dörfern vermitteln. Man findet Vertrautes, Altbekanntes ebenso wie Neues, Überraschendes. Neu und ungewohnt sind gelegentlich auch die gewählten Blickwinkel. Die Bilder sind aufgenommen aus großer Höhe, manchmal auch aus geringer Distanz. Dies dient zum einen der besseren Übersicht, zum anderen der Wiedergabe von Details. Gezeigt werden die Siedlungen in der Landschaft: Im Mittelgebirge oder in der Ebene, auf dem Berg oder am Fluss. Historische Ortskerne sind zu sehen aber auch Städte, die längst über ihre alten Grenzen hinausgewachsen sind. Luftbilder lassen die städtebauliche Entwicklung erkennen. Aus den verschiedenen Regionen werden beispielhaft charakteristische Dorfbilder und -formen gezeigt. Hinzu kommen historische Monumente, aber auch technische Anlagen wie Fabriken, Flughäfen oder wie die Rennstrecke Nürburgring.
Die Texte wollen Unterstützung, Orientierungshilfe für die Betrachter der Bilder sein. Erläutert werden geologische Ursprünge und Zusammenhänge ebenso wie historische und kulturhistorische Bezüge.
Rheinland-Pfalz bedeutet 2000 Jahre – gebaute – Geschichte von der Römerzeit bis zur Gegenwart. Viele Regionen erlitten Zerstörungen und Verwüstungen in den Kriegen des 17. Jhs., dem Dreißigjährigen Krieg und vor allem dem Pfälzischen Erbfolgekrieg 1688/89, als der französische König Ludwig XIV. die Ansprüche auf das Erbe seiner Schwägerin Liselotte von der Pfalz gewaltsam durchsetzte. Viele Burgen wurden damals zu Ruinen. Auch die Kriegszüge der französischen Revolutionstruppen hinterließen ihre Spuren. Die Neuordnungen durch die Beschlüsse des Wiener Kongresses hatten weitreichende Folgen: Die nördlichen Teile des heutigen Bundeslandes Rheinland-Pfalz kamen zur preußischen Rheinprovinz, Teile der Kurpfalz – der pfälzische Rheinkreis – wurden bayerisch und Rheinhessen wurde dem Großherzogtum Hessen zugeschlagen. Die Luftangriffe des 2. Weltkriegs zerstörten zahlreiche Städte, aber auch Dörfer; unwiederbringliche Verluste, die bis heute spürbar und sichtbar sind. Nach 1945 beginnt die Geschichte des neu geschaffenen Bundeslandes Rheinland-Pfalz.
Dass die Texte nicht erschöpfend sein können, liegt auf der Hand. Man sollte dieses Buch mit seinen schönen Luftbildern zunächst genießen. Es soll aber auch neugierig machen, Interesse wecken an der Vielfalt des Landes und anregen die im Luftbild gezeigten Orte und Plätze von unten anzuschauen.

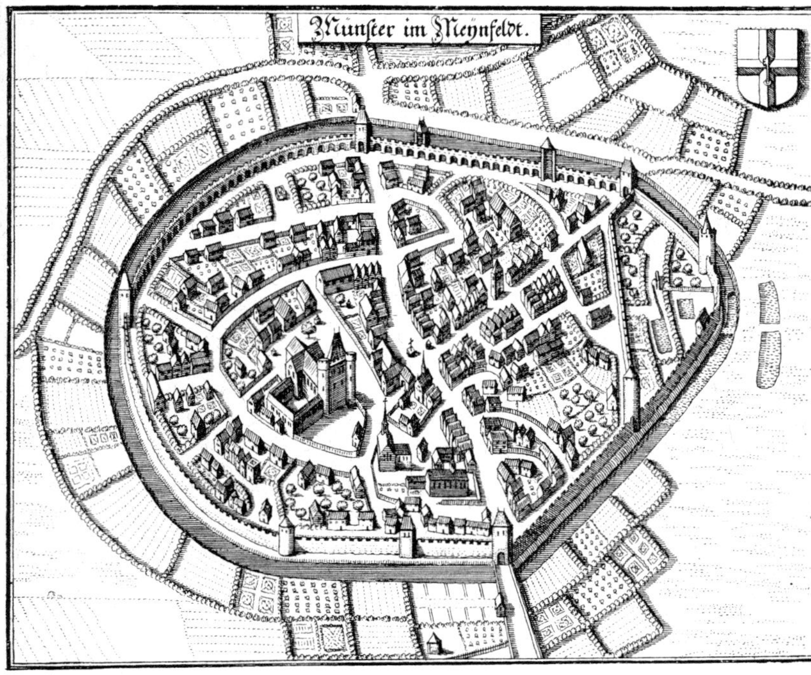

Matthäus Merian, Münstermaifeld 1646

Ulrike und Joachim Glatz

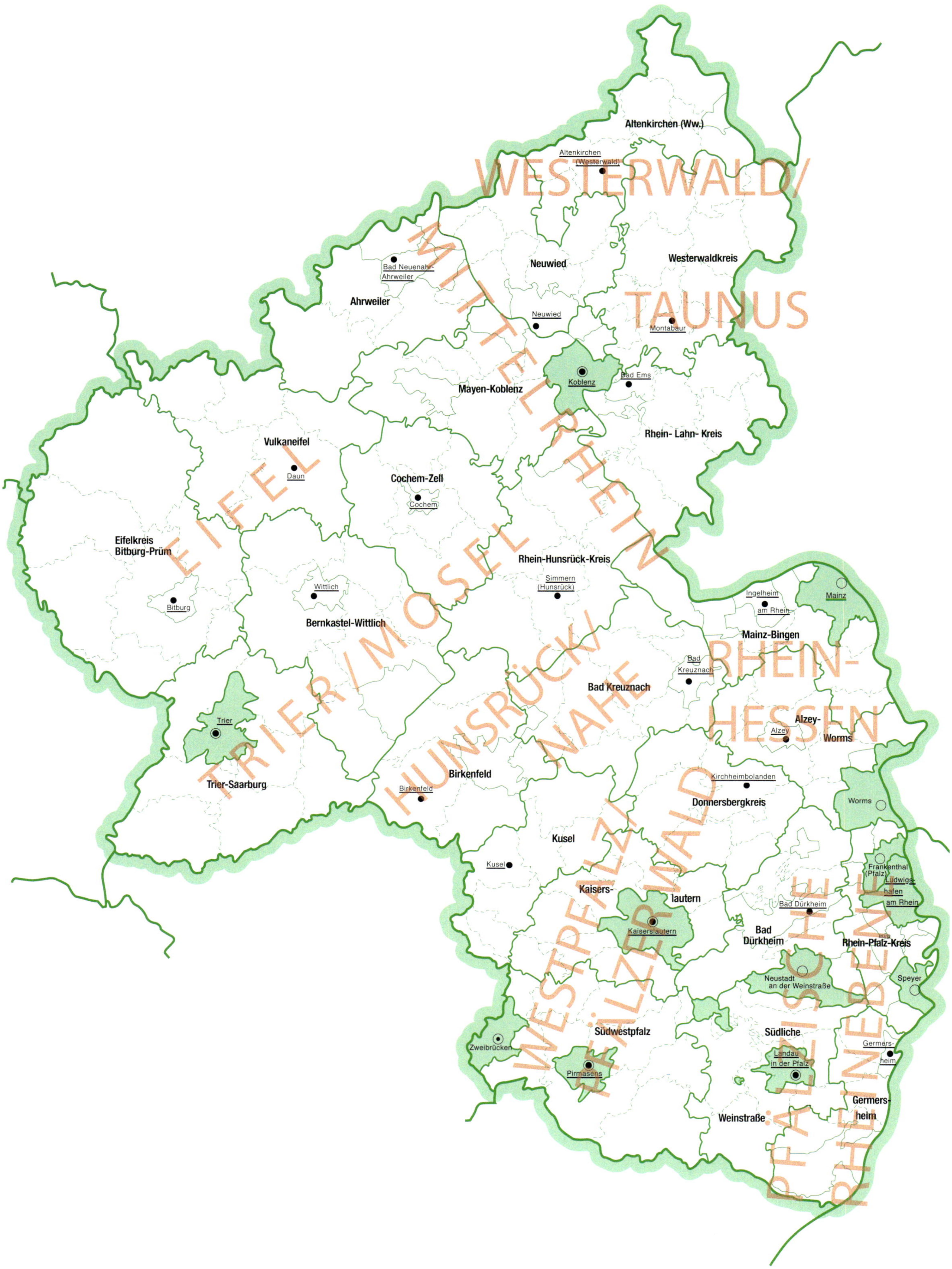
WESTERWALD/
TAUNUS
MITTELRHEIN
EIFEL
TRIER/MOSEL
HUNSRÜCK/
NAHE
RHEIN-
HESSEN
WESTPFALZ/
PFÄLZERWALD
PFÄLZISCHE
RHEINEBENE
Altenkirchen (Ww.)
Altenkirchen (Westerwald)
Westerwaldkreis
Neuwied
Bad Neuenahr-Ahrweiler
Ahrweiler
Montabaur
Koblenz
Bad Ems
Mayen-Koblenz
Rhein- Lahn- Kreis
Vulkaneifel
Daun
Cochem-Zell
Cochem
Eifelkreis
Bitburg-Prüm
Bitburg
Wittlich
Bernkastel-Wittlich
Rhein-Hunsrück-Kreis
Simmern (Hunsrück)
Ingelheim am Rhein
Mainz
Mainz-Bingen
Bad Kreuznach
Trier
Trier-Saarburg
Alzey
Alzey-Worms
Birkenfeld
Kirchheimbolanden
Donnersbergkreis
Worms
Kusel
Frankenthal (Pfalz)
Ludwigshafen am Rhein
Kaiserslautern
Bad Dürkheim
Rhein-Pfalz-Kreis
Neustadt an der Weinstraße
Speyer
Zweibrücken
Pirmasens
Südwestpfalz
Südliche Weinstraße
Landau in der Pfalz
Germersheim

WESTERWALD / TAUNUS

Westerwald / Taunus

Der Begriff 'Westerwald' bezeichnet denjenigen Teil des Rheinischen Schiefergebirges, der von Sieg, Rhein, Lahn und Dill umschlossen wird. Weitere Untergliederungen sind westlicher- oder Rheinwesterwald, Vorder- und Oberwesterwald, Hoher Westerwald mit Erhebungen von 500 – 600 m und der südliche Westerwald mit dem Kannenbäcker Land. Die Kulturlandschaft Westerwald ist ein Spiegel der Erdgeschichte. Hier finden sich verschiedenste Gesteine. Neben Schiefer sind vor allem Basalt und verschiedene Erzvorkommen zu nennen, in früheren Zeiten neben der Landwirtschaft entscheidende wirtschaftliche Grundlage. Weit ausladende Täler mit weiträumigen Wiesen und sanft ansteigende Erhebungen mit Laubwaldbeständen bestimmen das Bild dieser eher rauen Landschaft, die am Rande der großen Verkehrswege lag. Heute durchziehen die Region Bundesstraßen, Autobahn und Schnellbahntrasse.

Südlich der Lahn mit Bad Ems, Nassau und Diez folgt – begrenzt durch Rhein, Aar und das Wispertal – ein Ausläufer des Taunus, ebenfalls Teil des Rheinischen Schiefergebirges, der sich vor allem auf hessischem Gebiet erstreckt.

Mehren

Auch wenn sich die Dörfer und ihr Bild seit dem 2. Weltkrieg stark gewandelt haben, sind die charakteristischen Dorfformen und die regionaltypische Bauweise immer noch erkennbar. In den alten Ortskernen prägen nach wie vor Fachwerkbauten das Dorfbild. Erkennbar sind Bemühungen um die Erhaltung historischer Bausubstanz durch Abnahme späterer Verkleidungen und fachgerechte Sanierung. Fachwerk ist typisch für waldreiche, arme Gegenden. Deshalb sind Steinbauten in früheren Zeiten selten, vom Schiefer als Dachdeckungsmaterial abgesehen. Schiefer ist vielfach der Ersatz für Strohdächer, die längst alle verschwunden sind.

Mittelpunkt des Dorfes Mehren im Kreis Altenkirchen, das 1298 in den Besitz der Herren von Sayn überging und 1461 als Lehen des Erzstiftes Köln urkundlich erwähnt wird, ist die romanische Kirche, eine dreischiffige Pfeilerbasilika mit Westturm aus der Zeit um 1200. Über dem Chor, dessen Wände und Apsis durch einfache Rundbogenfriese und Lisenen gegliedert sind, sitzt ein malerischer Fachwerkaufbau aus dem 18. Jh., der an das hohe Dach des Mittelschiffes anschließt und dieses verlängert.

Um die Kirche gruppieren sich die einzelnen Häuser und Gehöfte ohne erkennbare Ordnung oder Straßenfluchten. Dennoch wirkt das Haufendorf recht geschlossen. Die Fachwerkhäuser stammen aus verschiedenen Zeiten. Die sog. alte Schule mit den typischen geschosshohen, sich überkreuzenden Streben und vorkragenden Geschossen wurde schon im 16. Jh. gebaut. Die Fachwerktradition reicht im Westerwald bis ins 19. bzw. frühe 20. Jh.

Schloss Crottorf

Im nördlichsten Zipfel von Rheinland-Pfalz, eigentlich schon im Siegerland, wenige Kilometer von der Landesgrenze zu Nordrhein-Westfalen entfernt im Kreis Altenkirchen, liegt Schloss Crottorf, eine malerische Wasserburg, die man so eher in Westfalen oder am Niederrhein erwarten würde. Die sehr gut erhaltene Schlossanlage im waldreichen Wissertal geht auf eine mittelalterliche Wasserburg der Herren von Seelbach zurück, die das Gebiet als Lehen der Edelherren von Wildenburg hatten. Um die Mitte des 16. Jh. erfolgte – unter Verwendung älterer Teile – der Ausbau von Crottorf als wehrhafter Wohnsitz im Stil der Renaissance durch Johann von Seelbach-Crottdorf. Weitere, das Erscheinungsbild der Anlage prägende Bauabschnitte folgten im 17. und frühen 18. Jh. Schloss Crottorf besteht aus Haupt- und Vorburg; jede von beiden liegt auf einer eigenen Insel. Umgeben ist die Kernanlage von einer Wehrmauer mit Rundbastionen und einem turmartigen Torbau. Diese Anlage in Form eines unregelmäßigen Rechtecks ist umgeben von einem zweiten, dem äußeren Wassergraben, der an einigen Stellen bis zu vierzig Meter breit ist.

Schloss Crottorf

Von Süden – im Bild rechts – führt eine Brücke über den äußeren Graben zum Torbau. Dessen abgewinkelte und innen mit Schießscharten versehene Durchfahrt leitet zu einer Brücke, welche die Verbindung über den Graben mit der Vorburginsel bildet. Die Vorburg, eine hufeisenförmige Dreiflügelanlage wendet dem Besucher ihre geschlossene Seite zu. Wie ein Riegel sitzt ein Querbau zwischen zwei Ecktürmen. Der zur Hauptburg hin offene Hof wird gerahmt von Wirtschafts- und Nebengebäuden unterschiedlicher Form. Die Mischung aus Bruchsteinmauerwerk, Fachwerk und Schieferdächern lässt ein vielfältiges Bild entstehen. Mit der Hauptburg ist die Vorburginsel durch eine weitere Brücke verbunden.
Das Hauptschloss war als Vierflügelanlage mit Rundtürmen an den Ecken geplant, wobei der östliche Flügel jedoch nicht ausgeführt wurde, die Burg an dieser Seite zum Graben hin offen ist. Über den zweigeschossigen Baukörpern lasten behäbige, schiefergedeckte Mansarddächer. Die vier Rundtürme besitzen markante Hauben mit Laternen, entstanden um 1730. Im Luftbild wird die Wirkung der Schieferdächer in ihrer unterschiedlichen Gestaltung besonders deutlich, so die hierarchische Steigerung von den einfachen Satteldächern der Vorburg zu den aufwändigen Mansarddächern des eigentlichen Schlosses, während der Torturm ein flaches Pyramidendach trägt.

Bemerkenswert ist auch die Ausstattung des in Teilen zugänglichen Hauptschlosses, dessen Südflügel sich zum Hof hin in Arkaden öffnet. Hervorzuheben ist die Kapelle mit stark plastischer Stuckierung von Domenico Rossi (1661) und der große Ahnensaal mit Deckenstuck der Zeit um 1730. In den Schlossräumen sind wertvolle Ausstattungs- und Sammlungsstücke zu sehen.
Was den besonderen Reiz von Schloss Crottorf ausmacht, ist über seine Lage und Bauformen hinaus die ungestörte Umgebung, der Zusammenklang zwischen Natur und Architektur. Eingebettet in das Tal der Wisser werden die natürlichen Gegebenheiten für die wehrhafte Anlage genutzt. Gleichzeitig entstand ein Zweckbau in idealer Form und Gestaltung.
Vor dem Schloss, in der Nähe des Zugangs bildet eine weilerartige Gruppe von Fachwerkhäusern den Auftakt. Auf einem Hügel südwestlich der Anlage steht die Kapelle zum Hl. Kreuz, ein achteckiger Zentralbau von 1701. An seiner Südseite wurde 1895 das Mausoleum derer von Hatzfeldt angebaut. In den Besitz dieser Familie gelangte Crottorf, nachdem Johannes von Seelbach-Crottorf im Jahre 1563 gestorben war. Zur Hatzfeldt'schen Verwaltung, die sich vorbildlich um ihren Denkmalbesitz kümmert, gehören auch die nahegelegene Wildenburg bei Friesenhagen und Schloss Schönstein bei Wissen an der Sieg.

Abtei Marienstatt

Das Zisterzienserkloster Marienstatt im Nistertal unweit der Gemeinde Streithausen im Westerwaldkreis wurde 1212 als Tochterkloster von Heisterbach im Rheinland zunächst einige Kilometer östlich im Altenklosterhof bei Kirburg gegründet. Die Umsiedlung an den heutigen Platz erfolgte 1227 aufgrund einer Schenkung des Grafen Heinrich von Sayn, der in der Nähe ein Schloss besaß. In den Folgejahren gibt es verschiedene Baunachrichten; 1324 fand die feierliche Kloster- und Kirchweihe statt. Nach Schicksalsschlägen wie Pest und Dreißigjährigem Krieg erlebte das Kloster im 18. Jh. eine neue Blüte, die sich in den Neubauten der Konventsgebäude niederschlug. Nach der Aufhebung des Klosters im Jahre 1803 wurde die Klosterkirche Pfarrkirche, in den Klosterbauten wurde eine Erziehungsanstalt untergebracht, bis Kloster Marienstatt 1888 durch Zisterziensermönche vom Bodensee wieder besiedelt wurde.
Dominanter Bau des Klosters in seiner für den Zisterzienserorden charakteristischen Lage im Tal ist die mächtige, frühgotische Basilika, an die sich die barocken Bauten der Abtei in Form einer am Schlossbau orientierten Dreiflügelanlage anschließen. Das ursprüngliche Aussehen des gotischen Klosters ist auf älteren Ansichten überliefert.

Kloster Marienstatt

Die Klosterkirche entstand in mehreren Bauabschnitten von Osten (Chor) nach Westen. Eindrucksvollster Bauteil ist der Chor mit Umgang. Er schließt an das mächtige Querhaus an. Außen sieht man das gotische Strebewerk, das dem System der französischen Hochgotik entlehnt ist, ein deutlicher Hinweis auf den Ursprung des Zisterzienserordens in Burgund (Citeaux).
Das Mauerwerk der Kirche schützt seit der jüngsten Restaurierung eine helle Putzschlämme, während sich die Klostergebäude mit dem an die Fassade der Kirche anschließenden Westflügel der barocken Farbgebung entsprechend in Grau und Weiß präsentieren. Verbindendes Element sind die großen, schiefergedeckten Dachflächen.
Verunklärt wird die Klosteranlage durch umfangreiche Baumaßnahmen südlich und vor allem östlich der alten Abtei. Hier entstanden in den letzten Jahrzehnten mehrere große Schulbauten. Die ursprüngliche Situation ist nördlich und westlich der Kirche noch erlebbar. Hier befinden sich das barocke Torhaus mit Durchfahrt, ausgedehnte Gartenanlagen und der ehemalige Friedhof. Während die barocke Ausstattung der Kirche im Zuge einer purifizierenden Restaurierung am Ende des 19. Jhs. und danach beseitigt wurde, haben sich wertvolle Bildwerke des Mit-

telalters erhalten. Das berühmte Marienstätter Retabel aus der Mitte des 14. Jhs. mit Figuren und Reliquienbüsten gehört zu den bedeutendsten Flügelaltären des Rheinlandes. Bemerkenswert ist auch das Doppelgrabmal Sayn-Sierck von 1487 mit Liegefiguren und einer original bemalten Tumba. Der langgestreckte, gewölbte Kirchenraum zu sieben Jochen mit Querhaus und Umgangschor zeigt wieder seine rekonstruierte, in beachtlichen Teilen noch originale Quadermalerei des 14. Jhs.

Kloster Marienstatt vermittelt heute noch das authentische Bild eines Zisterzienserklosters von seiner Gründung im frühen 13. Jh., dem Bau der Klosterkirche im 14. Jh. bis zur barocken Umgestaltung der Abtei im 18. Jh. Letztlich gehören auch die modernen, aufgrund des Schulbetriebs notwendigen, den historisch Rahmen jedoch überschreitenden Neubauten in diese klösterliche Tradition.

Willroth, Grube Georg

Unmittelbar an der Autobahn A3 steht weithin sichtbar der Förderturm der Grube 'Georg' bei Willroth im Kreis Altenkirchen, als vergleichsweise junges Zeugnis der Bergbaugeschichte. In der Umgebung reichen die Quellen zum Bergbau bis ins 14. Jh. zurück Die kleinen Bergwerke mit ihren Stollen waren bis in das 17. Jh. kurtrierisches Lehen, später Eigentum der Trierer Kurfürsten und der Grafen von Nassau-Weilburg. 1815 erwarb der preußische Staat die Grube 'Georg' und die beiden benachbarten Anlagen 'Louise' und 'Friedrich Wilhelm'. 1811 hatte man damit begonnen, den 'tiefen Georgstollen' abzuteufen, mit dem man schließlich 1822 in einer Tiefe von 73m den Erzgang erreichte. Der Stollen selbst hatte eine Länge von 553m. Abnehmer des sog. Spateisens waren die Hütten des Raffelsteins bei Neuwied und die preußische Sayner Hütte bei Bendorf. 1865 gelangten Sayner Hütte und Georgstollen in den Besitz der Firma Krupp in Essen. Einige Jahre später erfolgte das Abteufen eines Schachtes von der Willrother Höhe aus bis in eine Tiefe von 155m. Die Förderung des erzhaltigen Steinmaterials erfolgte nun in moderner Form über ein eisernes Fördergerüst über 'Schacht I'. Transportiert wurde das Eisengestein mit Pferdefuhrwerken nach Neuwied und Sayn bis

Willroth, Grube Georg

der Ausbau der Eisenbahn von Engers nach Altenkirchen im Jahr 1884 den Transport in jeder Hinsicht erleichterte und vereinfachte. Die Eisenerzförderung wurde außer einer kurzen Unterbrechung während der Weltwirtschaftskrise ständig gesteigert. Die Entwicklung führte zur Anlage von 'Schacht II' im Jahre 1954. Allerdings wurde die Produktion schon gut zehn Jahre später – 1965 – eingestellt. Die allgemeine wirtschaftliche Entwicklung bedeutete das Aus auch für die Grube 'Füsseberg' bei Daaden. Sie war gemeinsam mit der Willrother Anlage betrieben worden. Beschäftigt waren hier in Blütezeiten insgesamt 1200 Bergleute.

Das Fördergerüst über 'Schacht II' der Grube Georg ist somit auch ein Zeugnis für die Schlussphase und das Ende der Eisenerzgewinnung im Westerwald. Geliefert wurde der Förderturm 1952/53 durch die Firma Stahlbau Rheinhausen. Das 56 m hohe Gerüst besteht aus Stahlfachwerk. In seiner Konstruktion entspricht es dem seit dem 19. Jh. in Deutschland üblichen Typ des Bockgerüstes. Alle Funktionsabläufe blieben jedoch sichtbar, anders als bei älteren Anlagen, bei denen durch architektonische Gestaltung die Technik verborgen wurde.

Beim Fördergerüst in Willroth dominiert der senkrechte Aufzugsturm mit umlaufender Treppe. Er wird stabilisiert durch schwere, schräg verlaufende Eisenstreben. Ganz oben sitzt das Treibrad zum Auf- und Abspulen des Förderseiles. Daneben steht das hohe Brecherhaus mit dem Fördergerüst verbunden durch die sog. Hängebank. In ihrer Gestaltung entspricht die Konstruktion den Prinzipien der Neuen Sachlichkeit der zwanziger Jahre. Sie ist sehr gut vergleichbar mit dem 1929 entstandenen Fördergerüst der Grube 'Bonifacius II' in Essen.

Das Fördergerüst der Grube 'Georg' ist nach dem Abbruch des Förderturms der Grube 'Wolf' bei Herdorf im Jahre 1974 das letzte Beispiel seiner Art in Rheinland-Pfalz und längst als bedeutendes Industriedenkmal anerkannt. Das als Landmarke schon aus der Ferne sichtbare Monument ist heute Ausgangspunkt der Westerwälder Erzstraße.

Schloss Molsberg

Auf einem Bergkegel im gleichnamigen Dorf liegt eindrucksvoll Schloss Molsberg im Westerwaldkreis. Seine Ursprünge gehen in die Salierzeit zurück, als die Hohe Straße, die wichtige Verbindung zwischen Frankfurt und Köln durch Burgen gesichert wurde. So entstanden im Auftrag des Reiches die Burgen Hartenfels, Weltersburg und Molsberg. Nachdem das Geschlecht der Molsberger erloschen war, übergab Kurtrier den Herren von Walderdorff Molsberg 1657 als Lehen. Bis heute ist das Schloss im Besitz dieser Familie.

Johann Philipp von Walderdorff, Erzbischof und Kurfürst von Trier (1756–1768), begann mit dem Umbau der mittelalterlichen Burg in ein Barockschloß. Er war 1701 auf Burg Molsberg geboren worden. Im Gegensatz zu seinen Vorgängern, die bevorzugt in Ehrenbreitstein residierten, begann Johann Philipp mit dem Umbau des Schlosses in Trier. Er beauftragte seinen Hofarchitekten Johannes Seiz mit Plänen, von den aufwändigen Entwürfen gelangte nur der Neubau des Gartenflügels mit seiner prachtvollen Rokokofassade zur Ausführung. Der Kurfürst beauftragte Johannes Seiz auch mit Planungen für den Familiensitz Molsberg, dessen mittelalterliche Bauten nicht mehr dem Geschmack des 18. Jhs. entsprachen. Geplant war eine hufeisenförmige Anlage mit fünfachsigem Mittelbau um einen Ehrenhof in reichen Formen. 1760 wurde mit den Arbeiten begonnen, nachdem man die mittelalterliche Burg durch ein Holzmodell und Pläne dokumentiert hatte. Nach dem Tod des Bauherrn 1768 endeten die Baumaßnahmen, der Schlossbau blieb bis heute unvollendet. Nur der linke Teil des Mittelbaus und daran anschließend ein Seitenflügel, jeweils zweigeschossig mit hohen Mansarddächern wurden gebaut. Im Gegensatz zu den Seiz'schen Planungen entstand der Bau in stark vereinfachten Detailformen. Seine Farbigkeit in hellem Gelb und grau abgesetzten Zierformen entspricht der Bauzeit. Im Seitenflügel wurde die Kapelle eingebaut, außen angedeutet durch einen kleinen Dachreiter. Aus dieser Bauphase stammt auch das monumentale, von zwei Löwen flankierte Gittertor.

Die Nachfolger des Johann Philipp von Walderdorff widmeten sich verstärkt den Gartenanlagen. So wurde ab 1785 das Bergplateau, nachdem der Ehrenhof nicht mehr realisiert wurde, mit dem anschließenden Hang in einen am englischen Landschaftsgarten orientierten Park umgewandelt. Weite geschwungene Wegeführungen, Baumgruppen, seltene Solitäre und ein Parkweiher prägten die Anlage. Kleine, im 18. und 19. Jh. entstandene Garten-und Parkbauten wurden in die Konzeption miteinbezogen. Zwischen den beiden Weltkriegen geriet der Park in Vergessenheit, Blickachsen wuchsen zu, die Wege waren nicht mehr überall erkennbar. Seit 1999 wird ein Parkpflegewerk erarbeitet als Grundlage künftiger Pflegemaßnahmen. So wird die Struktur des Parks mit den Blickbeziehungen und den weiten Flächen sowie den Baumbeständen wieder deutlich.

Bad Ems

Molsberg, Schloss und Park

In einer Talweite der Lahn gegründet, wurde Bad Ems in seiner wechselvollen Geschichte immer durch seine warmen Quellen und die Erzvorkommen in den umliegenden Bergen geprägt. An dieser Stelle kreuzte in römischer Zeit der Limes die Lahn. Unter Kaiser Hadrian wurde im 2. Jh. ein Steinkastell angelegt. Man nutzte die warmen Quellen, förderte und verhüttete aber auch die Erzvorkommen – Zink- Blei- und Silbererze. Über viele Jahrhunderte blieb der Erzbergbau ein bedeutender Wirtschaftsfaktor, entwickelte sich im 14. und 15. Jh. zu großer Blüte und wurde erst am Ende des 2. Weltkriegs eingestellt.

Hessen und Nassau, in deren gemeinsamen Besitz sich das Gebiet befand, ließen im 15. Jh. über den warmen Quellen ein Badehaus mit acht Bädern errichten. Von da an besuchten die Landesfürsten mit Familien und Gefolge den Ort zu längeren Kuraufenthalten. Man jagte, spielte und badete bis zu 12 Stunden am Tag. Um Quartiere für die große Besucherzahl zu schaffen, wurden sogar Zeltlager errichtet. Nach den unruhigen Zeiten des Dreißigjährigen Krieges entstanden im 17. Jh. zahlreiche große Häuser um Gäste aufzunehmen. So wurden das 'Mainzer Haus', das 'Steinerne Haus' und die 'Karlsburg' gebaut. Mit der Errichtung des nassauischen Badehauses im 18. Jh. begann die Reihe der heute das rechte Lahnufer prägenden Kurbauten. Der eigentliche Aufschwung kam jedoch im 19. Jh. Neben den Badehäusern errichtete man das Kursaalgebäude als Mittelpunkt gesellschaftlichen Lebens. Das 1836–39 erbaute Ursprungsgebäude beherbergt noch heute den prachtvollen Kursaal, in dem zeitweise die Spielbank eingerichtet war. Durch spätere Anbauten des Kurtheaters, eines Lesesaals und weiterer Gesellschaftsräume entstand eine eindrucksvolle Baugruppe. Auch die beiden Badehäuser, das schlichte hessische von 1695 und das prunkvollere nassauische von 1711 wurden vereinigt. Es entstand eine großzügige Ehrenhofform, der nassauische Teil blieb fast unverändert, seine Bauformen wurden für den Umbau des hessischen Hauses übernommen.

Bad Ems

Berühmte und bedeutende Gäste gaben dem Bad sein weltstädtisches Flair. So waren König Wilhelm von Preußen, der spätere deutsche Kaiser, Mitglieder des russischen Zarenhauses, aber auch die Dichter Gogol und Dostojewski häufig zu Gast. Ein Anziehungspunkt war die Spielbank, zur Unterhaltung der Gäste wurden aber auch bekannte Musiker wie Franz List oder Jaques Offenbach mit seinem Ensemble engagiert. Bad Ems war das erste Kurbad, das für seine russischen Gäste eine eigene Kirche errichten ließ. In den traditionellen Formen einer russisch-orthodoxen Kirche entstand der der Hl. Alexandra geweihte Bau, dessen goldene Kuppeln noch heute auf dem linken Lahnufer leuchten. Der dort gelegene Ort Spieß war im 19. Jh. durch den Bau der Kaiser Wilhelm-Kirche, des Kurmittelhauses und des Quellenturms in den Badeort Ems miteinbezogen worden. Prächtige Villen und Hotelbauten in ihren unterschiedlichen Stilformen bilden heute zusammen mit den Kuranlagen und den Parkanlagen rechts und links der Lahn ein einzigartiges Ensemble.
Auch politisch bedeutsame Ereignisse fanden in Bad Ems statt. So trafen sich der preußische König Wilhelm I. und der französische Gesandte Benedetti 1870 auf der Kurpromenade. Dies führte zur sog. Emser Depesche und löste den deutsch-französischen Krieg 1870/71 aus.

Schloss Oranienstein bei Diez

Nördlich der ehemaligen nassauischen Residenzstadt Diez im Rhein-Lahn-Kreis liegt Schloss Oranienstein auf einem Felsplateau oberhalb der Lahn. An dieser Stelle war im 12. Jh. das Benediktinerinnenkloster Dierstein gegründet worden. Die Klosterkirche entstand im 13. Jh. Nachdem das Kloster nach Einführung der Reformation aufgelöst worden war, verfielen in der Folgezeit die Klostergebäude. Im Dreißigjährigen Krieg wurde Dierstein endgültig zur Ruine.
Diez gehörte nach zahlreichen Besitzwechseln seit dem frühen 17. Jh. den Grafen – später Fürsten – des Hauses Nassau-Diez, die es zeitweise zur Residenzstadt machten. Die Grafen lebten vorwiegend als Reichsstatthalter in den Niederlanden, in Diez übernahmen die Frauen die Regentschaft. So begann 1669 Albertine Agnes, Fürstin von Nassau-Diez und Prinzessin von Oranien mit Planungen für ein neues Schloss, da die mittelalterliche Diezer Burg wenig komfortabel und repräsentativ war. Sie erwarb die Ruine Dierstein und ließ einen in der Großform von französischen, in den Baudetails jedoch niederländisch beeinflussten Schlossbau errichten. Fürstin Albertine gab ihm den Namen Oranienstein in Erinnerung an ihren Großvater Wilhelm von Oranien, den Freiheitshelden der Niederlande im Kampf gegen die Spanier. Auch ihre Schwestern nannten die von ihnen gebauten Schlösser Oranienburg (bei Berlin), Oranienbaum (bei Dessau) und Oranienhof (bei Kreuznach).
In der ersten Bauphase von 1671–1680 entstand der dreigeschossige Hauptbau, der die halbkreisförmige Choranlage der Klosterkirche im östlichen Teil miteinbezog, deutlich erkennbar an den Laternen über Welschen Hauben. Im westlichen Teil wurde ein Pendant dazu errichtet. Zwei Seitenflügel umschließen einen Ehrenhof, dessen originale Pflasterung in auffälliger Schachbrettmusterung 1935 wieder freigelegt wurde.
Unter ihrer Nachfolgerin und Schwiegertochter Henriette Amalie wird das Schloss ab 1704 um die beiden Südflügel erweitert und im holländischen Stil ausgestattet. Die leuchtend ockergelbe Farbgebung mit den weiß abgesetzten Stuckornamenten der Fenster und Lisenen entspricht der originalen Farbigkeit.
Von besonderem Reiz sind die verschiedenen das Schloss umgebenden Gartenanlagen. So wurde der streng geometrische Garten vor der Hauptfront unter Fürstin Albertine angelegt, die dazu Ziersträucher, Blumen und Weinstöcke aus Holland kommen ließ. Von den nach 1800 nach Plänen von Friedrich Ludwig von Sckell im Stil des englischen Landschaftsgartens angelegten Gärten, die auch die Umgebung Oraniensteins miteinbezogen, sind nördlich und östlich des Schlosses Teile erhalten.
1815 wurden die Fürsten von Oranien zu Königen der Niederlande – ihre Nachkommen regieren heute noch in direkter Linie – und verloren zugleich ihre Besitztümer an der Lahn. Oranienstein gelangte zuerst in den Besitz des Herzogtums Nassau, dann an Preußen, das hier eine Kadettenanstalt einrichtete. Heute wird Oranienstein durch die Bundeswehr genutzt.

Schloss Oranienstein

MITTELRHEIN

Mittelrhein

Zu den bekanntesten Kulturlandschaften in Rheinland-Pfalz und darüber hinaus zählt das Mittelrheintal, vor allem der Abschnitt zwischen Bingen und Koblenz. Die grandiosen Landschaftsformen entwickelten sich vor rund 800.000 Jahren, als der Fluss begann sich einen Weg durch das Rheinische Schiefergebirge zu bahnen. Entstanden ist ein vielfach gewundener Flusslauf, auf dessen beiden Ufern Hunsrück und Taunus bzw. Westerwald ansteigen. Wo immer es möglich war, wurden Weinbergsterrassen mit Stützmauern angelegt; viele der steilen Hänge sind bewaldet. Aus größerer Höhe sind die Hochflächen mit Wiesen und Ackerland zu beiden Seiten des engen Durchbruchtals gut zu erkennen.
Der Rhein als wichtige Wasserstraße war spätestens seit dem Mittelalter interessant wegen der Zolleinnahmen. Viele Herrschaften bemühten sich um Besitz am Rhein. Die Folge war trotz beengter Fläche eine intensive Besiedlung und der Bau von fast 40 Burgen auf nur 60 Stromkilometern. So wurde das Mittelrheintal zu einer einzigartigen Kulturlandschaft, Ziel von Reisenden seit dem 17. Jh. und Gegenstand vielfältiger künstlerischer Auseinandersetzungen von Schriftstellern, Malern und Musikern. Der Rhein mit seinen historischen Ortsbildern und Burgruinen erfreute sich in der Romantik besonderer Beliebtheit. Die Region war Schauplatz wichtiger historischer Ereignisse, Ausdruck nationaler Gefühle bis hin zu nationalistischem Missbrauch. Diese einzigartige kulturelle Vielfalt, die beeindruckenden Landschafsbilder mit ihren Felsformationen und das Vorkommen seltener Tier- und Pflanzenarten, die sonst nur im Mittelmeerraum oder in Südosteuropa anzutreffen sind, führten 2002 zu Anerkennung dieser Kulturlandschaft als Welterbe durch die UNESCO.

Mäuseturm bei Bingen

Das Tor zum Mittelrhein markiert eines der bekanntesten Kulturdenkmäler dieser Region, der Mäuseturm. Auf einer langestreckten Felseninsel, vor Bingerbrück im Rhein gelegen, bildete der in der ersten Hälfte des 14. Jh. durch den Mainzer Erzbischof errichtete Wartturm zusammen mit Burg Ehrenfels auf der hessischen Seite und Burg Klopp – heute Rathaus – in Bingen eine strategisch bedeutsame Sperre zur Sicherung des Mainzer Herrschaftsbereiches und der Zolleinnahmen. Beide Burgen wie auch Burg Rheinstein, die nächste Burg rheinabwärts, waren mainzisch, zwischen allen Anlagen bestand eine Sichtbeziehung.
Der Mäuseturm, vor allem bekannt durch die Sage vom bösen Bischof Hatto, der hier wegen seiner Untaten von Mäusen gefressen worden sein soll, leitet seine Namen ab von 'Maut', also Zoll, oder dem mittelalterlichen Wort 'musen', was so viel bedeutet wie 'lauern'. Im Laufe der Jahrhunderte war der Turm ruinös geworden. Die Ruine fand schließlich das Interesse des preußischen Königs Friedrich Wilhelm IV., der vom Kölner Dombaumeister Ernst Friedrich Zwirner eine Wiederaufbauplan erarbeiten ließ, der 1856–1858 umgesetzt wurde. Der Turm ist ein Beispiel preußischer Denkmalpflege; die kräftige Farbgebung mit roter Akzentuierung entspricht dem Befund. Bis zum Ausbau des gefährlichen Schifffahrtsweges hier im Bereich des Binger Lochs 1974 diente der Mäuseturm als Lotsenstation.
Während Burg Klopp in Bingen ab 1853 als Villa und

Mäuseturm bei Bingen

Bingen und Mäuseturm

zum Sommersitz ausgebaut wurde und seit 1897 als Rathaus dient, blieb die bereits im frühen 13. Jh. erbaute Burg Ehrenfels seit ihrer Zerstörung durch die Truppen des französischen Königs Ludwig XIV. im Zuge der Pfalzverwüstung 1689 Ruine. Mitten in den Weinbergen auf der hessischen Rheinseite gelegen ist die etwa quadratische Kernburg noch gut zu erkennen, vor allem die dem Berg zugewandte und von zwei Türmen flankierte Schildmauer.

Burg Rheinstein bei Trechtingshausen

Auf einem Felssporn über dem Rhein am Beginn des Mittelrheintales liegt Burg Rheinstein in der Nähe von Trechtingshausen. Bauherr war der Mainzer Erzbischof Peter von Aspelt, der sie im frühen 14. Jh. als Sicherung des Mainzer Territoriums und seiner hier gelegenen Zollstätten errichten ließ. Ihr ursprünglicher Name Fautsberg oder Faitsburg war wohl abgeleitet vom Namen des Mainzer Bischofs Bonifatius. Seit dem 16. Jh. verlor die Burg ihre Bedeutung und wurde dem allmählichen Verfall preisgegeben. Die verhältnismäßig kleine mittelalterliche Anlage hatte als Zentrum den Wohnturm, dessen Hauptfront mit zwei Flankentürmen dem Rhein zugewandt war. Eine dicke Schildmauer bildete den Schutz zum Hang hin, wobei der Felsen mit einbezogen wurde. Mehrgeschossige Fachwerkbauten mit hohen steilen Dächern ergänzten die mittelalterliche Burg.

1823 erwarb Prinz Friedrich von Preußen, ein Vetter des späteren Königs Friedrich Wilhelm IV. die Ruine. Schon als junger Mann entwickelte er großes Interesse für Kunst und Altertümer. Die Teilnahme an Blüchers Rheinübergang 1814 führte ihn an den Mittelrhein

Burg Rheinstein bei Trechtingshausen

und weckte in ihm die Begeisterung für das Mittelalter und seine Burgen. Nachdem die Rheinlande preußisch geworden waren, konnte er persönliche Interessen mit politischen verbinden, denn Preußen wollte in seinen neuen Landen Präsenz zeigen.
Unter Beteiligung des preußischen Hofarchitekten Karl Friedrich Schinkel ließ Prinz Friedrich die Ruine vom Koblenzer Architekten Johann Claudius von Lassaulx und dessen Mitarbeiter Wilhelm Kuhn ab 1825 als Sommersitz ausbauen; er nannte seine Residenz Rheinstein.
Prinz Friedrich legte Wert darauf möglichst große Teile des mittelalterlichen Baus mit einzubeziehen. Material und Technik sollten angepasst werden. So entstand ein Wohnturm über fünf Etagen mit einem Rittersaal, Wohnbereichen für den Prinzen, seine Frau, Prinzessin Luise und die beiden Söhne sowie ein Küchentrakt. Aufwändige Portale, Fenster, elegante Eisentreppen und Zinnen an den verschiedenen Bauteilen sowie die Verwendung überlieferter Materialien wie Grauwacke, Sandstein und Tuff ließen so das von romantischen Vorstellungen geprägte Bild einer mittelalterlichen Burg aufleben. Auch die Einrichtung wurde dem Äußeren angepasst. Kostbare mittelalterliche Glasfenster, die aus aufgehobenen Klöster und Kirchen stammten, wurden eingesetzt. Die Räume wurden mit illusionistischen Maßwerkdekorationen, und Wappendarstellungen ausgemalt sowie mit Vertäfelungen ausgestattet. Auch das Interieur entsprach ganz den Vorstellungen des Bauherrn. Originale Waffen, Möbel und Gemälde wurden ergänzt durch eigens angefertigtes Mobiliar im neugotischen Stil, sodass der Prinz und seine Familie im Mittelalter gehen konnte', wie es ein Kastellan schilderte.
Zwischen 1839 und 1844 wurde außerhalb des eigentlichen Burgberings auf einem Felsvorsprung eine Burgkapelle in neugotischen Formen errichtet. Auch das Gelände um die Burg wurde umgestaltet. So entstand ein Serpentinenweg vom Rhein hoch, der in einen Landschaftsgarten mit malerischen Felsen und Stützmauern eingebunden war. Ein Turnierplatz sowie das Schweizer Haus als Gästehaus und der mit Eichen bepflanzte Prinzenwald ergänzten die Burganlage.
1868 starb Prinz Friedrich und wurde seinem Wunsch gemäß in einer Gruft unter der Kapelle beigesetzt. Heute ist die Burg Rheinstein in Privatbesitz und der Öffentlichkeit zugänglich, wie schon immer seit ihrer Errichtung.

Bacharach

Die Stadt Bacharach erstreckt sich malerisch an der Einmündung des Steeger Tals auf einem schmalen Uferstreifen entlang des Rheins, bekrönt von der Burg Stahleck. Seit merowingischer Zeit ist der Ort besiedelt. Das in Jahrhunderten gewachsene Ortsbild ist bemerkenswert gut erhalten.
In der Frühzeit im Besitz der Erzbischöfe von Köln, ging Bacharach ab 1214 in das Eigentum der Pfalzgrafen über, welche die Stadt über 600 Jahre bis 1806 behielten. Hier war ein wichtiger Handels- und Stapelplatz, da wegen der schwierigen Schifffahrtsverhältnisse am Binger Loch erst ab dieser Stelle größere Schiffe rheinabwärts benutzt werden konnten. Vor allem der Weinhandel lief über Bacharach.
Um die Mitte des 14. Jhs. wurde mit dem Bau der Stadtbefestigung begonnen, von der sich an der Rheinfront noch drei Stadttore erhalten haben; allerdings wurde die Rheinansicht der Stadt durch den hohen Damm der im 19. Jh. gebauten Bahnstrecke teilweise verstellt. Im weiteren Mauerverlauf stehen noch mehrere Türme, so der in den Weinbergen liegende Postenturm, der zur Nordmauer der Befestigung gehörte. Trotz einiger Verluste ist hier die weitestgehend unzerstörte Befestigung am Mittelrhein erhalten. Bis in das 19. Jh. bildete sie die Grenze der Bebauung und macht so die mittelalterliche Stadtgrenze nachvollziehbar.
Auch die auf einem Bergabschnitt oberhalb gelegene Burg Stahleck war in die Stadtbefestigung miteinbezogen. Die im 12. Jh. entstandene Höhenburg mit regelmäßigem Grundriss und einem runden Bergfried sicherte den sehr wichtigen Bacharacher Rheinzoll. 1689 zerstörten französische Soldaten die Burg, indem sie die Pulvervorräte in den Gewölben anzündeten. Trümmer wurden damals bis in die Stadt geschleudert und richteten auch an der unterhalb gelegenen Wernerkapelle großen Schaden an. Erst im 20. Jh. wurde die Ruine auf den alten Grundmauern als Jugendherberge wieder aufgebaut.
Mittelpunkt des Ortes ist die evangelische Peterskirche. Bedingt durch die beengten Platzverhältnisse entstand ein steil in der umgebenden Bebauung aufragender Bau in den Formen der Spätromanik mit hohem Mittelschiff und einem mächtigen Westturm. Die kräftig bunte Farbigkeit beruht auf einem Konzept des späten 19. Jhs., das damals anhand von Befunden entwickelt wurde.
Oberhalb der Peterskirche auf einem Felsplateau liegt die Ruine der Wernerkapelle. Hier wurde 1287 die Leiche des Knaben Werner, der, wie fälschlicherweise behauptet wurde, von Oberweseler Juden ermordet worden sei, in der schon bestehenden Kunibertkapelle beigesetzt. Werner wurde fortan als Heiliger ver-

Bacharach

ehrt, auch wenn er nie heilig gesprochen wurde. Schon bald setzte eine viel besuchte Wallfahrt ein, sodass schon 1289 mit dem Neubau der Kapelle begonnen werden konnte, die allerdings dann erst im 15. Jh. vollendet wurde. Der feingliedrige, durch die Klarheit des Aufbaus und die hohe Qualität der Detailformen berühmte hochgotische Zentralbau musste wegen Einsturzgefahr im 18. Jh. teilweise abgebrochen werden. Schon bald entdeckten Maler und Zeichner den romantischen Reiz der Kirchenruine.

Nach mehreren Stadtbränden im späten 19. Jh. führte ein behutsamer, in der Maßstäblichkeit angepasster Wiederaufbau zu einer Geschlossenheit des Ortsbildes, wie es am Mittelrhein selten zu finden ist. Das Ensemble aus Burg Stahleck, der Ruine der Wernerkapelle, der Peterskirche, der Ortsbefestigung und der zahlreichen Fachwerkhäuser ließen Bacharach bis heute zum Inbegriff der Rheinromantik werden.

Kaub

Zu den schönsten Ortsbildern am oberen Mittelrhein gehört Kaub mit den Burgen Gutenfels und Pfalzgrafenstein auf einer Insel im Strom. Die alten Teile der Stadtbefestigung aus dem 13. Jh. markieren den ältesten, winkelförmig in das Seitental abknickenden Siedlungskern. Deutlich ist der Verlauf der Stadtmauer mit einigen Türmen im Ortsbild zu erkennen. Der begrenzte Siedlungsraum führte zu einer Beschränkung der Bebauung auf den schmalen Uferstreifen; erst in jüngerer Zeit wurde diese natürliche Vorgabe verlassen, was zu einer deutlichen Verunklärung des einmaligen Ensembles führte. Massive Eingriffe in die

Kaub mit Burg Gutenfels und Pfalzgrafenstein

alte Ortsstruktur verbunden mit Verlusten an historischer Substanz waren schon im Zuge des Ausbaus der Eisenbahn in der Mitte des 19. Jhs. erfolgt.
Das innere Ortsbild wird geprägt durch zwei Kirchenbauten, die als bauliche Einheit miteinander verbunden sind, und zahlreiche vielfach bis ins Mittelalter zurückreichende Häuser und Anwesen, darunter die kurpfälzische Zollschreiberei und die Amtskellerei, beide aus dem 16. Jh. mit jüngeren Bauabschnitten. Im Gasthaus Stadt Mannheim, erbaut 1788, war das Quartier der preußischen Generalfeldmarschalls Blücher vor seinem berühmten Rheinübergang mit 60.000 Soldaten in den ersten Januartagen des Jahres 1814, ein entscheidender Schritt auf dem Weg zum endgültigen Sieg über Napoleon. Am südlichen Ortsrand sind die Bauten der längst stillgelegten Schiefergrube Wilhelm-Erb-Stollen erhalten; markant ist die hohe Spalthalle. Der für seine Qualität berühmte Kauber Schiefer wurde seit dem Mittelalter hier gewonnen und zugerichtet.
Über dem Ort, auf einem Bergsporn, liegt Burg Gutenfels, eine in der ersten Hälfte des 13. Jhs. über regelmäßigem Grundriß errichtete staufische Burg mit quadratischem Bergfried. Sie fiel 1277 an die Kurpfalz und bildete später zusammen mit dem Pfalzgrafenstein einen Sperrriegel im Rhein. Burg Gutenfels wurde niemals gewaltsam zerstört. Bei allen Wiederherstellungen der Burg seit 1833 verzichtete man auf eine Rekonstruktion der überlieferten steilen Dächer, wodurch der Ruinencharakter trotz Nutzung bewahrt blieb. Weithin dominiert der Stumpf des monumentalen Bergfrieds.
Als kurpfälzische Zollstation im Rhein wurde im frühen 14. Jh. Pfalzgrafenstein zunächst als Turm, dann verstärkt durch eine Ringmauer erbaut. Hierdurch und durch die vielgestaltigen barocken Dächer entstand das einmalige Erscheinungsbild 'eines steinerner Schiffes, ewig auf dem Rhein schwimmend', wie Victor Hugo 1883 die Zollburg beschrieb. Auch der Pfalzgrafenstein wurde niemals zerstört. Als Gesamtkunstwerk mit Bauteilen aus verschiedenen Epochen ist er nicht nur ein einmaliges Zeugnis der Burgenbaukunst, sondern auch ein Beispiel für den Zusammenklang von Architektur und Natur.
Der Gesamtblick über Kaub, aufgenommen aus der Höhe von der linksrheinischen Seite aus zeigt, wie die Stadt sich entwickelt hat, den topographischen Möglichkeiten folgend. Zwischen Gutenfels und Pfalzgrafenstein – am rechten Bildrand – war eine direkt Blick- und Signalverbindung möglich und dadurch die Kontrolle der Schifffahrt. Oben wird die Hochebene mit Ackerflächen über dem Durchbruch des Rheinstroms durch das Rheinische Schiefergebirge sichtbar.

Pfalzgrafenstein

Schönburg über Oberwesel

Die Stadt Oberwesel gehört mit ihren gotischen Kirchen und der sehr gut erhaltenen, vieltürmigen Stadtbefestigung zu den eindrucksvollsten Ortsbildern am Mittelrhein. Nördlich über dem langgezogenen Stadtgefüge liegt auf einem Bergkegel die Schönburg als vielteiliges Gebilde aus Bauteilen verschiedener Epochen. Die Schönburg wurde im Gegensatz zu vielen Mittelrheinburgen nicht in die Stadtbefestigung mit einbezogen, sondern stellte sich immer als eigenständige Bauanlage dar.
Ursprünglich Reichsburg wird sie 1149 als Lehen Hermanns von Stahleck genannt, später war sie vorübergehend erzbischöflich-magdeburgisch, dann kurtrierisch. Im 14. Jh. erfolgte der Ausbau zur Ganerbenburg mit drei Burghäusern. Das bedeutete, dass mehrere Familien der angesehenen Herren von Schönburg hier lebten, miteinander und mit den Lehensherren, dem Erzbischof von Magdeburg, dem Kaiser bzw. dem Erzbischof von Trier auskommen mussten. 1531 wird vom schlechten Zustand der Burg berichtet. 1689 wurde sie wie andere Burgen am Mittelrhein von den Franzosen verwüstet.
Die malerische Silhouette der Burgruine und ihre Lage machten sie interessant für zunächst aus romantischen, später aus wirtschaftlichen Beweggründen entwickelte Nutzungsideen. Es war 1885, als Oakley

Schönburg über Oberwesel

Rhinelander, ein wohlhabender Amerikaner, die Burg kaufte und damit begann die Ruine zu sichern und im Stil der Zeit auszubauen.
Teile der Burg gelangten 1950 in den Besitz der Stadt Oberwesel. Das Kolpingwerk richtete eine internationale Begegnungsstätte hier ein. Im südlichen Teil der Schönburg wurde ein Hotel untergebracht. Wachsende Ansprüche führen immer wieder zu neuen Überlegungen, die – wie bisher – nur schwer mit der wertvollen historischen Bausubstanz in Einklang zu bringen sind.
Die Schönburg liegt auf einem Bergkegel, dessen Felswände auf drei Seiten steil abfallen. Nur ein schmaler Weg führt von Norden zum äußeren Tor. Von Süden wird die Burg durch eine Brücke über den Halsgraben erschlossen. Die gefährdete Landseite wird hier durch eine mächtige Mauer, den "hohen Mantel" geschützt (auf dem Bild ganz rechts). Diese 1357 erstmals erwähnte Befestigung ist mit zwei Reihen von Schießscharten und Wehrgang darüber ausgestattet. Dieser springt mit seinen Zinnen über einem Bogenfries nach außen vor.
Der Weg zur Burg führt durch einen Torturm zum mittleren Burghof. Dort befand sich ursprünglich ein Halsgraben zum Schutz der Kernburg. Hier stand der Palas, an dessen Stelle sich das Jugendhaus befindet. Am mittleren Burghof liegen auch die rekonstruierte Kapelle und eine Terrasse mit einem weiten Blick über Stadt und Rheintal. Es folgt – heute im Bereich des Hotels gelegen – der dritte, der obere Burghof, umgeben von einem zweiten Palas, mehreren Türmen und anderen Bauten. Die innere Struktur und die Bauge-

schichte der Burg sind aufgrund ihrer verschachtelten, die topographischen Gegebenheiten geschickt nutzende Bauweise nur mit einiger Mühe nachvollziehbar. Die Hauptbauphasen liegen im 13./14. Jh. Hinzu kommen Um- und Ergänzungsbauten seit dem späten 19. Jh. vor allem in den Jahren nach Kriegsende.
Die Aufnahme zeigt einen Blick auf die Schönburg aus westlicher Richtung. Im Hintergrund ist der Rhein zu erkennen, die Stadt folgt nördlich (links). Gut zu sehen ist der Felsenweg im Vordergrund; der Halsgraben mit Brücke befindet sich rechts. Die hohe Mantelmauer schützt den unteren Burghof, dahinter liegt der obere mit dem Hotel. Links vom quadratischen Torturm schließt der mittlere Burghof mit seiner Bebauung an. Gerade in ihrer Vielgestaltigkeit und dem Wechsel von Putz-, Fachwerk- und Bruchsteinflächen, sowie Schieferdächern entfaltet die Schönburg eine malerische Wirkung über Oberwesel.

St. Goar mit Burg Rheinfels

Um die Mitte des 6. Jhs. lebte hier am Rhein ein Priestermönch aus der Auvergne mit Namen Goar. Nach seinem Tod wurde sein Grab zur Wallfahrtstätte; der Ort, der vermutlich römischen Ursprungs ist, wurde nach dem Heiligen benannt. Über dem Grab St. Goars entstand ein romanischer Kirchenbau, dessen dreischiffige Krypta aus dem 11. Jh. unter der Stiftskirche des 15. Jhs., einem der wichtigsten gotischen Kirchenbauten am Mittelrhein, erhalten ist. Eine reiche Ausmalung und Grabdenkmäler bezeugen die Bedeutung der Kirche. Mit der Reformation fand die Wallfahrt ihr Ende. Dem Ort fehlte die wirtschaftliche Basis, weshalb er sich in der Folgezeit flächenmäßig kaum weiter ausdehnte. Der Schwerpunkt der Entwicklung lag auf der Burg bzw. Festung Rheinfels über der Stadt.
St. Goar besaß eine ältere Talburg, die, wie später Burg Rheinfels, in die Ortsbefestigung miteinbezogen war. Beim Eisenbahnbau verschwanden die Reste dieser Burg. 1245 verlegte Graf Diether von Katzenelnbogen die Burg auf die Anhöhe nördlich der Stadt, wo sie bereits 1255/1256 einer Belagerung des Rheinischen Städtebundes standhielt. Als wehrtechnisch moderne Anlage diente Rheinfels zusammen mit der etwas jüngeren Burg Katz (d. h. Neukatzenelnbogen) auf der gegenüberliegenden Rheinseite über St. Goarshausen der Sicherung des Herrschaftsbereiches der Grafen Katzenelnbogen und der Kontrolle des Handelsweges im Hinblick auf die Zolleinnahmen.
Die etwa quadratische Kernburg ist am nördlichen Rand der Gesamtanlage noch erkennbar; der runde, einst weithin sichtbare Bergfried ist nur noch in seinen Fundamenten erhalten. Er wurde durch die Franzosen im Jahre 1797 gesprengt.
Im 14. Jh. erfolgte ein umfassender Ausbau der Kernburg. Der Bergfried wurde durch einen Aufsatz erhöht, in der sog. Butterfassform, neue Wohnbauten entstanden zum Rhein hin. Vor dem Halsgraben wurde eine mächtige Schildmauer errichtet in Verbindung mit einem Torturm.
Nach dem Aussterben der Grafen von Katzenelnbogen im Jahre 1479 fiel der Besitz an die Landgrafen von Hessen, welche die Burg in den Jahren vor und nach 1500 weiter ausbauten. Den älteren Halsgraben bei der Kernburg überbaute man mit einem großen Tonnengewölbe. Außerdem wurde die Burg durch Vor- und Außenwerke verstärkt.
Um 1570/80 erfolgte der Ausbau zur Renaissanceresidenz. Auf die massiven Steinbauten der Kernburg wurden prachtvolle Fachwerkgeschosse mit Erkern und geschweiften Giebeln aufgesetzt. Überliefert ist dieser Zustand in Zeichnungen von Dilich aus dem Jahre 1608. Weitere Baumaßnahmen sind aus dem 17. Jh. überliefert. Unter anderem wurden ausgedehnte Minengänge entlang der Bergseite angelegt. Ende des Jahrhunderts und nochmals nach der Belagerung von 1692, in der die Festung den Franzosen standhielt, baute man die vorgeschobenen Werke, Schanzen und Kasematten weiter aus.
1794 überließ man Rheinfels kampflos den Franzosen. Diese sprengten in der Folgezeit die Außenwerke, den Bergfried und Teile der Wohnbauten. Ab 1818 wurde die Ruine als Steinbruch genutzt, unter anderem für den Bau der Festung Ehrenbreitstein in Koblenz. Im Jahre 1843 kaufte Prinz Wilhelm von Preußen, der spätere Kaiser Wilhelm I., den mittelalterlichen Teil der Burg, um sie – wie gleichzeitig sein Bruder und Kronprinz Friedrich Wilhelm IV. Stolzenfels, aus- bzw. aufzubauen. Allerdings wurden entsprechende Pläne nicht ausgeführt. Seit 1925 ist die Stadt St. Goar Eigentümerin der Burg bzw. der Festung Rheinfels.
In der Vorburg zur Stadt hin wurde ein Hotel eingerichtet, dessen Erweiterungsbauten seit den 70er Jahren des 20. Jhs. das Erscheinungsbild der grandiosen Ruine aus manchen Blickwinkeln beeinträchtigen.
Das heutige Burgareal umfasst noch etwa ein Drittel der einstigen Gesamtanlage mit ihren Vorwerken. Deren Spuren sind im Gelände teilweise noch erkennbar. Die größte Festung am Rhein – neben der jüngeren Festung Ehrenbreitstein – ist trotz des ruinösen Zustandes und ihrer reduzierten Gesamtausdehnung

St. Goar mit Festung Rheinfels

noch außerordentlich eindrucksvoll. Besonders deutlich wird dies an der Rheinseite. Rheinfels spiegelt in anschaulicher Form die Entwicklung des Burgen- bzw. Festungsbaus vom 13. bis zum 18. Jh. und ist über das Ruinenerlebnis hinaus ein Geschichtszeugnis allerersten Ranges.

Wellmich mit Burg Maus

Wellmich mit Burg Maus

Der kleine Ort Wellmich, der 1357 Stadtrecht erhalten hatte, kam in dieser Zeit von den Nassauer Grafen an Kurtrier. Verbunden damit war das Recht eine Stadtbefestigung und zwei Burgen zu bauen. So entstand auf halber Höhe, an einem heute völlig bewaldeten Hang, über dessen Kante sich die Hochfläche mit Feldern erstreckt, die Trierer Burg Peterseck, auch Deuernburg genannt, zur Sicherung der trierischen Besitzungen auf der rechten Rheinseite. Die zweite Burg, auf der linken Seite des Flusses – Petersberg – wurde nicht gebaut. Der Name Maus ist wohl ein Spitzname. Hierdurch sollte die Konkurrenz aber auch der Trutzcharakter gegenüber der größeren Burg Neukatzenelnbogen – kurz 'Katz' genannt – über St. Goarshausen zum Ausdruck gebracht werden.
Burg Maus war Lieblingsresidenz der Trierer Kurfürsten am Ende des 14. Jh. und im frühen 15. Jh. Der regelmäßige Grundriss der Burg, eine der modernsten Anlagen ihrer Zeit, umschreibt ein Quadrat von etwa 50 m Seitenlänge. Zum Berg hin ist eine mächtige Schildmauer ausgebildet, in die der runde Bergfried integriert ist. Eine äußere Zwingermauer umfasst den hohen Kubus der Kernburg, der durch Ecktürmchen betont war. Die im Laufe des 17./18. Jh. verfallene Burg wurde 1806 auf Abbruch verkauft, konnte aber gerettet werden. Um 1900 wurde sie unter Bewahrung ihres Ruinencharakters durch einen Kölner Architekten teilweise ausgebaut und befindet sich bis heute in Privatbesitz. Der in Schieferbruchstein errichtete Bau kontrastiert nicht sehr stark mit der umgebenden Natur, sondern ist in den bewaldeten Hang auch optisch eingebunden. Wie Putz- und Farbreste belegen, war auch Burg Maus im Mittelalter verputzt und farbig gefasst.
Gleichzeitig mit dem Bau der Burg wurde Wellmich befestigt. Nur wenige Reste der Mauern sind bis heute erhalten. Die Burg selbst war in die Befestigung mit einbezogen. Der Ortsgrundriss besteht aus zwei Hauptverkehrswegen, ein kurzer entlang des Rheins und T–förmig anschließend ein längerer ins Tal des heute verrohrten Wellmicher Baches. Erhalten haben sich einige ältere Häuser im Ort, meist Fachwerkbauten. Durch den Bau der Bahn in der Mitte des 20. Jhs. und den Ausbau der Bundesstraße 42 wurde Wellmich durchtrennt und vom Ufer abgeschnitten.
Dominant im Ortsbild ist der hohe Turm der katholischen Kirche St. Martin. Sie steht unterhalb der Burg an der Einmündung in das Seitental. Der Turm entstand zusammen mit einem Kirchenneubau im 3. Viertel des 14. Jh., wobei Teile des Vorgängerbaus, so ein Nebenchor, mit verwendet wurden. Trotz seiner Entstehung in gotischer Zeit zeigt der Turm eine altertümliche, an romanische Kirchenbauten erinnernde Wandgliederung aus Blendbögen und Bogenfriesen. Lediglich das oberste Geschoss besitzt eindeutig gotische Formen, wobei der Helm eine Zutat der Zeit um 1840 ist. Damals verschwanden auch die vier Erkertürmchen an den Turmecken. Die sparsame Befensterung lässt erkennen, dass der Kirchturm in das System der Ortsbefestigung mit einbezogen war. Der schlichte Kirchenbau zeigt im Innern an der fensterlosen Nordwand einen umfangreichen Malereizyklus des 14. Jhs.: Weltgericht, Martyrium der zwölf Apostel und weitere Darstellungen.

Boppard

In der größten Rheinschleife des oberen Mittelrheintals legten die Römer vermutlich schon um 50 n. Chr. ein Lager an, das nach der Aufgabe des Limes im Jahre 335 als mauerumwehrtes Kastell mit 28 Wachtürmen ausgebaut wurde. Bis heute haben sich umfangreiche Reste erhalten, vor allem an der Südseite, wo ein archäologischer Park angelegt wurde. Am Beginn des 5. Jh. wurde auch das Kastell aufgegeben. Die mächtige, zweitürmige Basilika St. Severus steht mitten im ehemaligen rechteckigen Kastellbezirk und hat selbst frühchristliche Wurzeln. Das unter der Kirche entdeckte Taufbecken sowie weitere Reste einer frühchristlichen Kirche stammen aus der 2. Hälfte des 5. Jhs. Seither ist an dieser Stelle christliche Kontinuität bis heute nachgewiesen. Die Kirche, eine gewölbte Emporenbasilika wurde 1225 bzw. 1234 geweiht, älter sind die beiden Osttürme.

Über die sichtbaren Mauer- und Turmreste hinaus ist das Rechteck des Römerkastels im Stadtgrundriss zu erkennen, etwa in der regelmäßigen Führung der sich kreuzenden Straßen. Stadterweiterungen gab es im 9./10. Jh. zum Rhein hin und im Laufe des 14. Jhs. nach Osten und Westen. Große Teile der Stadtmauern dieser Zeit sind erhalten.

Boppard war in fränkischer Zeit Sitz der königlichen Verwaltung, später freie Reichsstadt. Die Verpfändung an Erzbischof Balduin von Trier und damit verbundene höhere Abgaben führten, da sich die Bopparder weigerten zu zahlen, zur Eroberung durch den Trierer Kurfürsten im Jahre 1327. Zur Sicherung seiner Macht und als Zollstation ließ er am Rhein eine Burg errichten, deren markanter Turm zusammen mit dem quadratischen Mauerring trotz späterer Umbauten noch erhalten ist. Ursprünglich war die Anlage von einem Wassergraben umgeben und nur über eine Zugbrücke erreichbar. Im Norden der Stadt siedelten sich nach der Mitte des 13. Jh. die Karmeliter an, eine der frühsten Gründungen im Rheinland. Bemerkenswert sind im Innern der Kirche die Wandmalereien mit Szenen der Alexius – Legende (1407), spätgotische Bildwerke sowie zahlreiche spätgotische Grabdenkmäler.

Eine sehr alte Gründung – 1123 – ist das ehemalige Benediktinerinnenkloster Marienberg, an einem Berghang über der Stadt gelegen. Von dieser großen Anlage haben sich der vierflügelige Konventbau mit verschiedenen Erweiterungen (Äbtissinnienbau, Prioratenbau) und eine große Gartenanlage erhalten. Nach der Säkularisation 1802 wurde lediglich die Kirche abgebrochen. Zur Zeit blickt das ehemalige Kloster einer ungewissen Zukunft entgegen.

Die Eisenbahnlinie zerschneidet in Boppard zwar nicht den mittelalterlichen Kern, bildet aber zusammen mit der Bundesstraße eine scharfe Trennlinie zu den späteren Erweiterungen. Diese werden geprägt durch Bauten des 19. Jhs.: Villen, Hotels an der Rheinfront und die 1850–52 im byzantinischen Stil erbaute evangelische Christuskirche. Sie entstand wenige Jahre vor dem Ausbau der Eisenbahn, die heute unmittelbar an diesem Bau vorbeiführt.

Im Luftbild wird die Lage der Stadt Boppard an einer etwas breiteren Stelle des Mittelrheintals deutlich, ebenso städtebauliche Entwicklungen verschiedener Zeiten. Auf der rechten Rheinseite oberhalb liegt das Dorf Filsen, im Vordergrund der alte Ortskern, dahinter die Neubaubereiche. Ganz oben ist der Steilhang des 'Bopparder Hamm', zu sehen, eine gute Weinlage und zugleich Standort seltener Pflanzen.

Schloß Stolzenfels bei Koblenz

An strategisch wichtiger Stelle im Grenzgebiet der Erzbistümer Trier, Mainz und Köln, ließ der Trierer Erzbischof Arnold II. von Isenburg Burg Stolzenfels errichten. In einer ersten Bauphase entstand im 13. Jh. ein hoher fünfeckiger Bergfried umgeben von einer Schildmauer. Wohnbauten mit einer Schauseite wurden im 14. Jh. hinzugefügt, sodass ein repräsentatives Gebäude entstand, denn der Trierer Kurfürst führte hier mehrfach politische Gespräche mit den Rheinischen Kurfürsten. Doch schon bald verlor die Burg ihre Bedeutung auch als Zollstation. 1688 nahmen die Franzosen Stolzenfels ein und zerstörten die Burg, die von da an als Steinbruch genutzt wurde.

1823 schenkte die Stadt Koblenz die Ruine dem preußischen Kronprinzen und späteren König Friedrich Wilhelm. Die Rheinlande waren nach dem Wiener Kongress an Preußen gefallen. Mitglieder der preußischen Königsfamilie wie der Kronprinz und seine Vettern begeisterten sich am Gedankengut der Romantik. Sie sahen das Rheintal als Kernlandschaft des Reiches, als Symbol deutscher Größe und in den Burgen das Ideal mittelalterlichen Lebens. Aber auch die Präsenz Preußens im neuen Gebiet und damit verbunden Kulturpolitik war ein wichtiger Beweggrund.

Die anfangs am Ruinenbestand orientierten Planungen, wie in Rheinstein, wurden ab 1836 überarbeitet und der Kronprinz entschloss sich zu einem vollständigen Wiederaufbau. Der preußische Hofarchitekt Karl Friedrich Schinkel entwarf ein den Wohn- und Repräsentationsbedürfnissen des Bauherrn angepasstes Schloss in neugotischen Formen mit Anklängen an den englischen Tudorstil. Wohnturm und Palas wurden zu Wohnräumen für den Kronprinzen und die Kronprinzessin. Der Torbau, der rückwärtige Wohnbau, die Kapelle und der zierliche Pergolagarten wurden neu errichtet. Die einheitliche architektonische Gestalt mit Zinnenkränzen, flachen Dächern und leuchtend gelbem Verputz lässt das Schloss zu einem weithin sichtbaren Zeichen königlicher Repräsentation werden. Die filigrane neugotische Kapelle wurde 1845 angefügt.

Entsprechend dem Äußeren ist auch das Innere gestaltet. Ein kleiner und ein großer Rittersaal, teilweise mit Wandgemälden aus der deutschen Geschichte, spiegeln eine romantische Vorstellung von mittelalterlichem Leben wider. Kostbares Mobiliar, Gemälde und Gläser verschiedener Epochen werden ergänzt durch eine reiche neugotische, eigens für Stolzenfels entworfene Ausstattung, welche auch Wanddekoration, Decken und Fußböden miteinbezieht.

1842 war der Bau weitgehend fertiggestellt und wurde vom König, der von der Grundsteinlegung des Kölner

Schloß Stolzenfels bei Koblenz

Domes kam, feierlich eingeweiht. Ein Fest in historischen Kostümen und ein großes Feuerwerk zeugen von der besonderen Bedeutung dieses Ereignisses.
Stolzenfels liegt eingebettet in einen von dem Berliner Gartenarchitekten Peter Josef Lenné entworfenen Landschaftsgarten. Der Weg zum Schloss führt über einen Serpetinenweg, vorbei an der oberhalb des Ortes Kapellen gelegenen Pfarrkirche, durch eine bewaldete Schlucht hinauf. Eine Felsgrotte mit Wasserfall, ein Viadukt und Klausengebäude, in denen die Dienerschaft untergebracht wurde, bilden eine künstlich geschaffene romantische Gartenkulisse.
Im Gegensatz zu Burg Rheinstein, bei deren Umbau die Erhaltung des mittelalterlichen Bildes im Vordergrund stand, wurde Stolzenfels als einheitlicher repräsentativer Bau gestaltet, der heute noch mit seiner fast vollständig erhaltenen Ausstattung ein Bild romantischer Wohnkultur des mittleren 19. Jhs. bietet.

Koblenz

An der Mündung der Mosel in den Rhein liegt Koblenz, das nördliche Ende bzw. der Anfang des Welterbegebietes 'Oberes Mittelrheintal' von Norden her. Dieser Platz 'Confluentes flumines' – die zusammenfließenden, sich vereinigenden Flüsse – war bevorzugtes Siedlungsgebiet in allen vorgeschichtlichen Epochen,

wie entsprechende Funde beweisen, kontinuierlich seit der Jungsteinzeit. Die Römer bauten hier um 50 n. Chr. eine feste Rheinbrücke. Die erste Moselbrücke entstand rund 80 Jahre später. Am Ende des 3./Anfang des 4. Jh. wurde am rechten Moselufer ein halbkreisförmiges Kastell mit über 20 Rundtürmen errichtet, dessen Strukturen bis heute in der Koblenzer Altstadt zwischen Burg, Liebfrauen- und Florinskirche erkennbar sind.
Im frühen Mittelalter war Koblenz bevorzugter Aufenthaltsort von Königen und Kaisern, wenngleich bis heute kein Königshof lokalisiert werden konnte. Zwischen dem ehemaligen Kastellbezirk und St. Kastor entstand die Unterstadt. Beide Viertel wurden im 13. Jh. gemeinsam befestigt. Das 18. Jh. legte vor diese Mauer einen starken bastionären Ring. Insgesamt drei Brücken überspannen heute die Mosel: die Balduinsbrücke aus dem 14. Jh., die trotz späterer Veränderungen zu den ältesten Brückenbauten Deutschlands gehört, die Eisenbahnbrücke und die moderne Straßenbrücke.
Südlich der Altstadt wurde in Verbindung mit dem Neubau des kurfürstlichen Schlosses ein Erweiterungsgebiet geplant. Erst in den 1880er Jahren konnten mit der südlichen Vorstadt und Oberwerth weitere Flächen erschlossen und in der Folgezeit bebaut werden. Nicht nur in preußischer Zeit wurde das Schicksal der Stadt wesentlich vom Militär mitbestimmt. Die katastrophalen Zerstörungen im 2. Weltkrieg mit Verlusten an Bausubstanz bis zu 87% gehören ebenfalls in diesen Zusammenhang. Wertvolle wiederherstellbare Bausubstanz fiel dann großangelegten Verkehrsplanungen und Neubaukonzepten der Nachkriegszeit zum Opfer.
Im Vordergrund der Überblicksaufnahme aus nordwestlicher Richtung über Koblenz ist Lützel zu erkennen, der alte Brückenkopf auf dem linken Moselufer. Am linken Bildrand – angeschnitten – liegt die Festung Ehrenbreitstein, eine der stärksten, nach 1815 in Europa errichteten Festungen. Sie war Teil der preußischen Großfestung Koblenz, von der sich weitere Anlagen auf beiden Rheinseiten erhalten haben.
Unterhalb der Festung Ehrenbreitstein liegt der Ort gleichen Namens mit seinem einst ebenfalls befestigten Ortskern. Nach Süden folgen auf der rechten Rheinseite die Stadtteile Pfaffendorf und Horchheim. Die hohe Verkehrsentwicklung hat gerade hier zu massiven Eingriffen in die Landschaft geführt.

Koblenz, Ehrenbreitstein und Deutsches Eck

Aktuelle Bodenfunde belegen Siedlungsspuren auf der steilen Anhöhe gegenüber der Moselmündung bis zurück in die Bronzezeit. Die Geschichte der Festung beginnt mit dem Bau einer Burg, die 1020 an die Trierer Erzbischöfe kam, bereits Ende des 10. Jhs. Für die Trierer Kurfürsten wurde Ehrenbreitstein ein bevorzugter Aufenthalts- und Residenzort, weshalb auf einem südlich vorgelagerten Felsen eine zweite Burg, der Helfenstein, errichtet wurde, was die strategische Bedeutung des Platzes unterstreicht. Im 17. und 18. Jh. entstand eine prächtige, barocke Festungsanlage, oberhalb der Philippsburg aus dem frühen 17. Jh. am Fuße des Ehrenbreitsteins. Im Jahre 1801 wurde die Festung durch die Franzosen vollständig zerstört, doch schon 15 Jahre später, als das Rheinland preußisch geworden war, in moderner Form wiederhergestellt als Teil der Großfestung Koblenz. Die imposante, auf einer schmal zulaufenden, zum Rheintal hin steil abfallenden Terrasse errichtete Anlage weist besonders starke Bastionen an der gefährdeten Nordseite auf. Die Festungsmauern und -bauten nutzen geschickt die Topographie. Zentrum ist der sog. Schlosshof, an dem auch die Festungskirche liegt. Die Architektur der gesamten Anlage zeigt trotz aller Zweckmäßigkeit und Funktionalität hohe Qualität in Gestaltung, Gliederung und Proportionen. Erschlossen wird die Festung Ehrenbreitstein durch den steilen Felsenweg vom Rhein und durch eine weit um den ganzen Berg herumgeführte Straße von der Rückseite. Vom Schlossplatz aus führte ein Schrägaufzug direkt zum Rhein. Nach dem Versailler Vertrag sollte die Festungsanlage geschleift werden, doch kam es glücklicherweise nur zum Abbruch einiger Vorwerke, sodass die grandiose Architektur bis heute erhalten blieb.
Am Fuß des Berges gibt es einige Reste der kurfürstlichen Philippsburg aus dem 17. Jh. Nur die sog. Pagerie am Felsenweg, ein Bau des späteren 17. Jhs. blieb erhalten. Am Ufer selbst schließt sich das prächtige Dikasterialgebäude an, erbaut nach Plänen Balthasar Neumanns durch den trierischen Hofbaumeister Johannes Seiz. Die langgestreckte, durch einen aufwändigen Mittelrisalit akzentuierte schlossartige Fassade wendet sich dem Rhein zu. Dahinter steht der wenig später – ebenfalls nach Plänen Balthasar Neumanns – erbaute Krummstall, an den ab 1768 der Marstall angebaut wurde. Die erhaltenen Bauten der kurfürstlichen Hofhaltung vermitteln den ausgeprägten Repräsentationsanspruch der Trierer Kurfürsten.
Weiter nach Süden liegt der kleine Ort Ehrenbreitstein, der nach der Zerstörung durch die französischen

Truppen im pfälzischen Erbfolgekrieg 1688 eine neue Blütezeit als barocke Residenzstadt erlebte. Trotz verschiedener städtebaulicher Fehlentwicklungen hat Ehrenbreitstein in seinem Kern noch einen beachtlichen Bestand an historischer Bausubstanz bewahrt. Markant und berühmt zugleich ist das deutsche Eck auf der gegenüberliegenden Rheinseite an der Moselmündung. Nicht zufällig wurde gerade hier das monumentale Reiterdenkmal des Reichsgründers Kaiser Wilhelm I. errichtet. Nach langen Vorbereitungen konnte die Anlage 1897 eingeweiht werden. Nachdem das Denkmal im 2. Weltkrieg zerstört worden war, wurde der Sockel als Mahnmal der deutschen Einheit umgewidmet. Hohe Spenden und die Wiedervereinigung führten 1993 zur Rekonstruktion des Kaiserdenkmals. Der Name 'Deutsches Eck' leitet sich von der deutschen Ordenskommende, die hier im 13. Jh. gegründet wurde. Neben dem Torbau, der Ruine von Kirche und Kapelle ist der dreigeschossige, gotische Rheinbau von 1279, in dem heute das Ludwig-Museum untergebracht ist, der am besten erhaltene Teil der Deutschordensniederlassung nördlich der Kastorkirche.

Koblenz, Ehrenbreitstein und Deutsches Eck

Koblenz, Schloss

Zu den größten Projekten am Ende des Trierer Kurstaates gehörte der Neubau eines Residenzschlosses in Verbindung mit der Planung eines neuen Stadtteils in Koblenz. Die Philippsburg aus dem 17. Jh. am Fuß der Festung Ehrenbreitstein entsprach dem kurfürstlichen Anspruch – vor allem auch wegen der beengten Freiflächen – längst nicht mehr. Obwohl mit Dikasterialgebäude, Krummstall und Marstall außerordentlich repräsentative Bauten der Hofhaltung noch im fortgeschrittenen 18. Jh. errichtet worden waren, beschloss der letzte Trierer Kurfürst Clemens Wenzelslaus von Sachsen (1768–1802) südlich der Koblenzer Altstadt einen neuen Stadtteil und eine großzügige Schlossanlage bauen zu lassen. Koblenz hatte Trier den Rang als Residenzstadt endgültig abgelaufen.

Erste Entwürfe legten Michael d'Ixnard und Johannes Seiz 1776/77 vor; die Bauleitung wurde jedoch ab 1779 Antoine Francois Peyre übertragen. Es war Peyre, der den spätbarocken Entwurf seiner Konkurrenten zugunsten einer klassizistischen, also modernen, an französischen Vorbildern orientierten Architektur abwandelte. Entgegen erster Überlegungen, das neue Schloss zur Altstadt hin zu orientieren, wählte man eine Parallelstellung zum Rhein. So entstand ein monumentaler Hauptbau mit insgesamt 29 Achsen und je 5 Achsen für die beiden Seitenrisalite. Auf zwei Hauptgeschossen sitzt ein flaches Mezzaningeschoss; der Mitte zum Rhein wie zur Stadt hin ist ein monumentaler Portikus mit 6 bzw. 8 dorischen Säulen vorgelegt. Zum Rhein hin trägt der mächtige Architrav ein Relief des Mainzer Bildhauers Sebastian Pfaff mit dem kurfürstlichen Wappen sowie Allegorien von Rhein und Mosel. An den Hauptbau schließen halbrunde, niedrige Seitenflügel an, welche die Fläche zur Stadt hin wie zwei Arme umfassen. Diese Idee geht möglicherweise auf Architekturentwürfe Andrea Palladios zurück. Die Innenausstattung des Schlosses wurde

nicht vollendet, da der Kurfürst erstmals 1792 und 1794 endgültig vor den französischen Revolutionstruppen flüchten musste. Das Schloss wurde Lazarett und ab 1815 Sitz des Oberpräsidiums der Rheinprovinz, später zeitweilig Wohnung und Residenz der königlichen Familie. Nach starker Zerstörung im 2. Weltkrieg wurde das Koblenzer Schloss wieder aufgebaut, die Seitenflügel jedoch in abgewandelter Form.
Den Zirkelbauten antwortet das Halbrund des Schlossrondells am Beginn der Schlossstraße, der Hauptachse des neuen Stadtteils, der erst im Laufe des 19. Jhs. vollständig bebaut wurde. An der Hauptquerachse, der Straße „Neustadt" steht das 1787 vollendete Stadttheater.
Die Freiflächen an Stadt- und Rheinseite waren gärtnerisch gestaltet, wobei sich aber nur die späteren Planungen wie der Lenné-Garten vor der Rheinfront, der im Zusammenhang mit einer preußischen Infanteriemauer hier nach 1815 entstand, fassen lassen. Nach dem Wiederaufbau ist das Koblenzer Schloss wieder, wie seit 1921, Behördensitz. im Zuge der Außenrenovierung 1995/96 erhielt der Schlossbau seine bauzeitliche Fassung in weiß und grau.

Bendorf-Sayn

Am Rande des Westerwaldes an den Bächen Sayn und Brex liegt der Ort Sayn, heute ein Stadtteil von Bendorf. Der kleine Ort wird beherrscht von der neugotischen Schlossanlage im Vordergrund, den Ruinen der Burg Sayn links darüber auf dem Berg und der Abtei am Ende des Ortes.
Die Grafen von Sayn hatten im 12. Jh., als ihre „Alteburg" im Brexbachtal zerstört worden war, begonnen, den Bergrücken oberhalb des Sayn- und Brexbachtales zu bebauen. An höchster Stelle ist bis heute der über Eck gestellte quadratische Bergfried innerhalb der ovalen stauferzeitlichen Kernburg erhalten. Von der einstmals dichten Bebauung des Burgberings konnte im Westen die Burgkapelle des 13. Jhs. ergraben werden. Auch die Umbauten der gotischen Zeit lassen sich nur noch an geringen Mauerresten erkennen.
Zwei Burghäuser – Burgmannensitze – liegen am Hang. Auf halber Höhe, mit der Hauptburg durch eine Mauer verbunden, das sog. Reiffenbergsche Burghaus und darunter das Burghaus der Herrn vom Stein. 1606 starben die Grafen von Sayn im Mannesstamm aus, das Lehen ging an Kurtrier zurück. Nach Zerstörungen im Dreißigjährigen Krieg verfiel die Burg zur Ruine; 1803 kam sie in den Besitz Preußens und wurde 1848 Friedrich Fürst zu Sayn-Wittgenstein vom preußischen König zum Geschenk gemacht.
Fürst Friedrich hatte in diesem Jahr das barocke Herrenhaus am Fuß des Burgbergs gekauft, das von den Grafen Boos von Waldeck im 18. Jh. auf den Resten eines spätmittelalterlichen Burghauses erbaut worden war. Er ließ es ab 1848 in ein repräsentatives Schloss in neugotischem Stil umbauen, orientiert an den preußischen Burgenausbauten Stolzenfels oder Rheinstein am Rhein. Als Architekt wurde Francois Joseph Girard, der spätere Chefarchitekt des Louvre in Paris, verpflichtet. In kurzer Zeit entstand unter Einbeziehung der barocken Bauteile vor allem auch durch die Verwendung damals moderner Werkstoffe der Neubau. So wurden Maßwerkfenster und Dachgauben in der benachbarten Sayner Hütte in Gusseisen hergestellt, was rationeller war, als sie durch Steinmetze arbeiten zu lassen. Zur Gartenseite hin entstand eine aufwändige Fassade bekrönt von einem reichen Giebel. Mit in die Gesamtanlage einbezogen wurde der mittelalterliche Torturm der Ortsbefestigung.
Auch die Schlosskapelle zeigt höchst qualitätvolle neugotische Formen. Der Koblenzer Stadtbaumeister

Bendorf-Sayn, Burg

Hermann Nebel erbaute sie 1860/62 als Abschluss der Umgestaltung des Schlosses. Eine englische Parkanlage, die auch die Ruinen des Burgbergs mit einbezog, umgibt das gesamte Areal. Im zweiten Weltkrieg wurde das Schloss zerstört und stand lange Zeit als Ruine. Mittlerweile ist der Wiederaufbau abgeschlossen.
Eng verbunden mit der Geschichte des Ortes, der Burg und der Grafen von Sayn ist die Abtei, die am Ende des Ortes liegt. Sie wurde 1201 von Graf Heinrich II. gegründet und mit Prämonstratensermönchen besiedelt. Die einschiffige romanische Kirche konnte schon bald darauf eingeweiht werden. Im 15. Jh. wurde der Chorschluss hinzugefügt. Während des Mittelalters erreichte das Kloster eine Zeit wirtschaftlicher und kultureller Blüte. Aber schon im frühen 16. Jh. begann der Niedergang bedingt durch einen verschwenderischen Abt, später durch die Einführung der Reformation durch die Grafen von Sayn. Nur deren Aussterben 1606 bewahrte die Abtei vor dem völligen Untergang. Die Klosterkirche hatte allerdings irreparable Schäden erlitten, Teile mussten abgebrochen werden. Im 18. Jh. ließ ein kurzzeitiger Aufschwung einige Baumaßnahmen zu. So wurde damals der monumentale Glockenturm anstelle eines Querhausarms errichtet. Seit der Auflösung des Klosters 1803 dient sie als Pfarrkirche.

Bendorf-Sayn, Schloss, Burg und Abtei

Neuwieder Becken

Auf das enge Durchbruchstal des Rheins folgt nördlich von Koblenz – flussabwärts – eine Talweitung von rund 22 km, welche den Oberen vom Unteren Mittelrhein trennt. Seit prähistorischer Zeit ist das Neuwieder Becken, ein sog. Senkungsraum innerhalb des Rheinischen Schiefergebirges, wegen seiner fruchtbaren Böden besiedelt. Bis heute wird die Landschaft geprägt durch zahlreiche Siedlungen, landwirtschaftlich genutzte Flächen – bevorzugt Obstanbau – und Industriegebiete. In diesem verdichteten Raum, der

Neuwieder Becken

von Koblenz bis Andernach/Neuwied reicht, leben rund 300.000 Menschen.
Der Blick von Norden in Richtung Koblenz zeigt die Städte Neuwied, Engers und Bendorf (links) bzw. Weißenthurm und Mülheim–Kärlich (rechts). Links im Vordergrund ist die regelmäßige, 1662 im Anschluss an das Schloss angelegte Stadt zu erkennen. Die tolerante Haltung der Grafen zu Wied begünstigte den Zuzug von Mennoniten ab 1680 und ab 1750 der Herrenhuter Brüdergemeinde, die ein eigenes Stadtviertel erbaute. Ende des 18. Jh. wurden die Möbel von Abraham und David Roentgen aus Neuwied weltberühmt.
Von Neuwied aus führt heute eine vierspurige Straßenbrücke über eine langgestreckte Insel im Rhein, den Weißenthurmer Werth, nach Weißenthurm. Der Rhein ist hier ca. 300 m breit. Hochwasserkatastrophen in den 20er Jahren führten zu einem 1931 fertiggestellten Deichbauprogramm, das wegen seiner interessanten Gestaltung mit Café und Pegelturm unter gleichzeitiger Berücksichtigung der historischen Rheinfront durchaus als technisch-architektonische Besonderheit des Mittelrheins gesehen werden kann.
Namengebend für die Stadt Weißenthurm ist der „Weiße Turm", eine Zollstation des 14. Jhs., die der Trierer Erzbischof an der hier vorbeiführenden Heerstraße errichten ließ. Der Turm stand im Zusammenhang mit einer Landwehr zur Sicherung der Grenze gegen Kurköln. Weißenthurm ist ein Zentrum der bimsverarbeitenden Industrie. Bims, ein vulkanisches Produkt, ist ein leichtes, grobporiges Gestein, das wegen seiner Vorteile seit der Römerzeit verwendet und aus der Region exportiert wird. Bimsbetriebe mit ihren großen Lagerflächen sind rechts im Vordergrund zu sehen.
Nördlich von Weißenthurm auf der rechten Rheinseite liegt Mülheim–Kärlich, ein Ort, der aufgrund von 700.000 Jahre alten, in der Kärlicher Grube gefundener Werkzeuge zu den ältesten von Menschen besiedelten Plätzen in Deutschland gehört. In der Gemarkung Kärlich stand ein prächtiges, 1654 errichtetes und im 18. Jh. von Balthasar Neumann und Johannes Seiz erweitertes Lustschloss der Trierer Kurfürsten, das 1794 von den Franzosen restlos zerstört wurde.
In jüngerer Zeit wurde Mülheim–Kärlich bekannt, als hier ein Kernkraftwerk errichtet wurde, das nach nur knapp zwei Jahren Probebetrieb aufgrund rechtlicher Entscheidungen wieder vom Netz genommen werden musste. Begründung war die erhöhte Erdbebengefahr im Neuwieder Becken. Aus diesem Grunde wurden auch spätere Genehmigungen immer wieder aufgehoben, zuletzt 1998 durch das Bundesverwaltungsgericht. Der einzige Reaktor in Rheinland-Pfalz soll bis 2012 wieder rückgebaut werden. Das Atomkraftwerk mit seinem weithin sichtbaren Kühlturm ist in der Bildmitte rechts zu erkennen.

EIFEL

Eifel

Schalkenmehrener Maar bei Daun

Die Eifel, ein weites, hügeliges Land zwischen der Mosel im Süden, dem Rhein im Osten, Luxemburg im Westen und nördlich vom Köln–Aachener Becken begrenzt, ist eine vielfältige Kulturlandschaft von herber Schönheit. Ihre Elemente vermitteln zugleich geologische Entwicklungen und Erdgeschichte über Jahrmillionen. Gerade die Folgen des Vulkanismus sind in verschiedensten Landschaftsformationen und Gesteinsarten überall sichtbar. Der Abbau bestimmter Materialien wie Tuff, Bims, Basalt u.a., ihre Verarbeitung und der Handel ist schon seit altersher ein wesentlicher Wirtschaftsfaktor des Eifelraumes. So war die Basaltlava bei Mayen besonders gut geeignet für die Herstellung von Mahl- oder Mühlsteinen, die man seit prähistorischer Zeit weit über die Region hinaus exportierte, wie beispielsweise archäologische Funde der wegen ihrer Form "Napoleonshüte" genannten Reibsteine beweisen. Gleiches gilt für römische Mühlsteine.
Der Kreis Daun nennt sich seit jüngster Zeit "Vulkaneifelkreis" und trägt damit einer Besonderheit der Gegend Rechnung. Rund 30 größere Maare gibt es in der westlichen Eifel, wobei nur noch ein kleiner Teil von ihnen mit Wasser gefüllt ist. Diese meist runden Seen prägen die Eifellandschaft zusammen mit anderen vulkanischen Erscheinungen. Krater, Vulkangruppen, Schlackenkegel, Lavaströme usw. und sind Zeugnis für eine "bewegte" Vergangenheit. Die Bezeichnung "Maare" geht wahrscheinlich auf das lateinische Wort "mare" = Meer zurück. Vergleichbare Naturbildungen sind außerhalb der Eifel sehr selten.
Es handelt sich bei diesen stillen Seen nicht, wie fälschlicherweise vielfach angenommen wird, um wassergefüllte Krater. Von solchen spricht man nur dann, wenn sie sich in vulkanischen Schichten befinden. Maare liegen tiefer in nicht vulkanischen Schichten; das Wasser füllt den sog. Eruptionskanal. Um sie herum haben sich wallartige Erhebungen aus vulkanischer Asche und Tuff gebildet.
Die Entstehung der Maare führt man auf Explosionen zurück, die in der Eifel durch Kontakt zwischen aufsteigender Lava und fließendem Wasser verursacht wurden. Hierdurch können Eruptivwolken entstehen, aus denen Asche und Steine herabfallen. Die Entstehung der Maare ist also eher eine allmähliche. Die aktive Phase der Eifelvulkane beginnt vor rund einer Million Jahren; die jüngeren Vulkane, zu denen die meisten Maare gehören, waren vor rund 10–12000 Jahren tätig. Das gilt beispielsweise auch für den Laacher See.
Mit den geheimnisvollen, sehr tiefen Maaren wurden immer wieder Erzählungen und Sagen verknüpft; die Eifeldichterin Clara Viebig nannte sie die "Augen der Eifel". An anderer Stelle ist die Rede von den "Tränen Gottes".
Südöstlich von Daun gibt es drei Maare, das Gemündener-, das Weinfelder- oder Totenmaar und das Schalkenmehrener Maar. Das letztgenannte ist ein Doppelmaar, dessen östliche Hälfte verlandet ist, wodurch in Verbindung mit der Vegetation ein aufschlussreiches Bild entsteht, das an die Jahresringe von Baumstämmen erinnert. Am südöstlichen Ufer liegt das Dorf Schalkenmehren (im Bild ganz links). Hinter diesem Maar, das 21m tief ist, erkennt man das 51m tiefe Weinfelder Maar. Am Ufer steht die Weinfelder Kirche, die Pfarrkirche eines im 16. Jh. untergegangenen Dorfes. In einer Senke dahinter folgt das etwas kleinere, 37 m tiefe Gemündener Maar. Am Horizont (rechts) der hügeligen Eifellandschaft liegt die Kreisstadt Daun.

Nürburgring

Südlich von Adenau liegt eine der bekanntesten Autorennstrecken der Welt, der Nürburgring. Dem Bau der "Gebirgs- Renn- und Prüfungsstrecke" in den Jahren 1925–27 gingen die Eifelrennen des ADAC voraus, eine Idee, die zur Anlage der bis zu 28 km langen, vielkurvigen Strecke führte. Die Kosten des auch strukturell wie touristisch wichtigen Vorhabens lagen bei 15 Millionen Reichsmark. Zum Einsatz kamen bis zu 2000 "produktive Erwerbslose". Innerhalb des Nürburgrings lagen mehrere Ortschaften sowie die namengebende Nürburg. Von Anfang an ging vom Nürburgring eine besondere Faszination aus. Schon in der Frühzeit kamen zu den verschiedenen Autorennen Tausende von Zuschauern an den landschaftlich sehr schön gelegenen Kurs. Besondere Anziehungskraft übte der "Ring" durch deutsche Fahrer wie den aus Remagen stammenden Rudolf Caracciola und die spannende Konkurrenz zwischen Mercedes-Benz und der Autounion aus. Legendär waren die Silberpfeile.
Allerdings galt der Nürburgring auch als besonders gefährliche Strecke, weshalb man ihn immer wieder verkürzte und veränderte. Schwere Unfälle vor allem im Bereich der Nordschleife führten 1977 zum vorläufigen Aus der auch "grüne Hölle" genannten Renn-

strecke, der die Formel 1–Tauglichkeit abgesprochen wurde. Bemängelt wurde unter anderem auch die mangelhafte Infrastruktur. In den folgenden Jahren erweiterte man deshalb das Angebot durch Lehrgänge, Geschicklichkeitsfahren usw. Durchgeführt wurden Fahrrad-, Motorrad-, Oldtimer- und Truckerrennen. Die Konzerte "Rock am Ring" locken bis zu 80000 Zuschauer in die Eifel.
Weil die Formel1-Rennen nur noch am Hockenheimring stattfanden und die Umsätze zurückgingen, entschloss man sich, eine neue Rennstrecke anzulegen. Bis 1984 entstand ein rund 5 km langer Grand-Prix-Kurs im Bereich der ehemaligen Südschleife. Seither werden wieder Formel 1-Rennen ausgetragen, so der Große Preis von Europa im Juli 2007. Nur im Luftbild ist die neue Strecke in ihrer Gesamtheit und Dimension erfahrbar. Im Hintergrund liegt die Nürburg, die dem "Ring" ihren Namen gab und durch ihn bekannt wurde.
In ihrer Frühzeit gehörte die Nürburg zum Herrschaftsbereich der Herren von Are. Seit 1290 waren Amt und Burg kölnisch, was zu einem Ausbau der Anlage führte. Um die Kernburg mit dem runden Bergfried entstand ein ummauerter Zwinger mit mehreren kleinen Rundtürmen. Zeitweise lebten hier mehrere Rittergeschlechter zusammen. In den folgenden Jahrhunderten wurde die Burg immer wieder verpfändet; zugleich verschlechterte sich ihr Zustand. Stürme und Feinde fügten der Nürburg im frühen 17. Jh. erhebliche Schäden zu. Noch einmal – bis 1645 – wurde sie wiederaufgebaut, doch 1689 kam die endgültige Zerstörung durch französische Truppen. Die Ruine nutzte man als Steinbruch, bis sie 1815 in preußischen Besitz überging; heute befindet sich die Anlage in Landesbesitz.

Maria Laach

Vor etwa 11000 Jahren entstand durch eine gewaltige Eruption, bei der große Mengen von Bimstuff ausgeworfen wurden, der Laacher See. Damals wurde das Neuwieder Becken mit einer dicken Tuffdecke überzogen. Die Bims- und Lavamassen bildeten die Grundlage der Steinindustrie schon seit römischer Zeit. Der Name Laach wird von lateinisch lacus = See abgeleitet.
Pfalzgraf Heinrich II. aus dem Hause Luxemburg und seine Frau Adelheid von Orlamünde gründeten die Abtei 1093. Die Neugründung wurde mit Benediktinermönchen aus St. Maximin in Trier besiedelt. Schon bald starben die Stifter und der Stiefsohn Pfalzgraf Siegfried wurde Rechtsnachfolger. Um den Mönchen Ungestörtheit zu sichern, ließ er seine in der Nähe gelegene Burg abbrechen und schenkte die zugehörigen Güter der Abtei. Dies schuf die Möglichkeit, mit dem Bau des Klosters zu beginnen, allerdings zogen sich die Arbeiten über zweihundert Jahre bis 1230 hin.
Maria Laach ist seit über 800 Jahren mit einer Unterbrechung nach der Säkularisation 1802 Ort mönchischen Lebens. 1862 richtete der Jesuitenorden ein Collegium ein und 1892 besiedeln wieder Benediktinermönche aus Beuron das Kloster.
Die Abteikirche gilt als der einer der vollkommensten Bauten der deutschen Romanik. Mit seinen sechs Türmen und der Doppelchoranlage ist er den großen romanischen Domen Speyer, Worms und Mainz durchaus vergleichbar. Eine Besonderheit ist das Paradies, das der dreischiffigen Basilika im Westen vorgelagert ist. Bei der farblichen Gestaltung des Außenbaus spielt das Baumaterial eine entscheidende Rolle. Für die Wandflächen wurde ockerfarbener Tuff, zu Großquadern geschnitten, aus der Umgebung von Maria Laach verwendet. Dazu in farblichem Kontrast steht die blaugraue Basaltlava, aus der die Gliederungselemente gearbeitet wurden. So erhält das Äußere mit dunklen Lisenen und Bogenfriese auf hellen Wandflächen ein besonderes Gepräge.
Auf der warmen Südseite errichtete man die Klostergebäude. Der Kreuzgang nahm die gesamte Südseite des Kirchenschiffs ein. An ihn schlossen sich die für das Klosterleben wichtigen Räume wie Kapitelsaal, Refektorium, Brunnenhaus u.a. an, entsprechend dem Idealtypus einer mittelalterlichen Klosteranlage. Von diesen frühen romanischen Bauten sind nur noch Reste erhalten. Ökonomiegebäude wie Mühle, Kornspeicher sowie Fischweiher und Gärten für den Gemüseanbau dienten der Versorgung und waren auf einem großen Areal angesiedelt, zusätzlich gab es noch einen eigenen Wirtschaftshof.
Im Gegensatz zur Kirche wurden die Klostergebäude häufiger verändert. So passte man im 18. Jh., durch Erweiterungen und Neubauten das Kloster den gewandelten Ansprüchen an. Auch die Jesuiten ergänzten die nach einem Brand beschädigten Teile durch einen großen Bibliotheksbau. Der Kreuzgang wurde durch die Beuroner Mönche in neoromanischen Formen erneuert. Die Abtei mit ihren zahlreichen Nebengebäuden bildet heute wie im Mittelalter ein eigenes Wirtschaftssystem, das den Fortbestand des Klosters sichert.
Ursprünglich standen die Klosterbauten dicht am Ufer des Laacher Sees. So blieb nur ein schmaler Streifen zur Bewirtschaftung mit Wiesen und Feldern. In der Mitte

Kloster Maria Laach mit Laacher See

des 12. Jhs. stach man deshalb einen Kanal durch den Wall nach Süden und leitete so das Wasser ab, der Wasserspiegel des Sees senkte sich. Dieser mittelalterliche Stollen, Fulbert-Stollen benannt nach dem damaligen Abt, ein geniales technisches Bauwerk, ist heute noch erhalten. Im 19. Jh. griff man erneut zu dieser Maßnahme, sodass ein breiter fruchtbarer Uferstreifen um den See entstanden ist.

Kasselburg bei Pelm (Gerolstein)

Die Kasselburg bei Pelm, unweit der Stadt Gerolstein gelegen, gehört zu denjenigen historischen Anlagen, welche die Eifellandschaft in besonderer Weise prägen. Weithin sichtbar über den Höhen ist der achtgeschossige, insgesamt 37 m hohe Doppelturm aus dem 14. Jh., ein Meisterwerk mittelalterlicher Baukunst. Der Name leitet sich ab von den Herren von Castel, die hier zwischen 1181 und 1225 bezeugt sind. In dieser Zeit ist die Gründung der Burg anzunehmen. Damals entstand der quadratische Bergfried. Danach gelangte die Burg durch Heirat in das Eigentum der Herren von Blankenheim–Kasselburg bzw. Blankenheim–Manderscheid. Dieses Geschlecht behauptete als einzige Familie im Eifelraum die Unabhängigkeit von den Trierer bzw. Kölner Kurfürsten bis zur französischen Revolution. Im 17. Jh. wurde die Kasselburg den Grafen von Arenberg zugesprochen; später verfiel die Anlage. 1838 regte König Friedrich Wilhelm IV. bei einem Besuch die Restaurierung des bedeutenden Baudenkmals an. Heute befindet sich die Kasselburg in Landesbesitz. Mit einem seit 1971 in der Burg untergebrachten Greifvogelpark und einem Wolfsgehege ist sie ein touristischer Anziehungspunkt der Vulkaneifel.
Die Kasselburg liegt auf einem Basaltkegel hoch über dem Kylltal. Ältester Teil ist der quadratische Bergfried,

Kasselburg bei Gerolstein

der eingebunden ist in die Umbauung des Hofes der etwa viereckigen Kernburg. Hier befindet sich auch die Ruine des Palas mit dem angebauten Kapellenturm (auf dem Bild links). Ein ovaler Bering, an dessen Mauern verschiedene Bauten angefügt sind (Burgmannenhäuser u.a.), bindet den älteren Teil ein.
Besonders aufwändig gestaltet ist die Westfront mit dem hohen ungegliederten mit Zinnen bekrönten Doppelturm, der eingebaut ist in eine schildmauerartig verstärkte Wand, durch die man in den äußeren Burghof gelangt. Dieser markante, bis in alle Details sorgfältig gearbeitete Turmbau erinnert an französische Burgen mit ihren sog. Donjons. Er ist als Wohnturm ausgebildet, worauf die zahlreichen Fenster hindeuten. Außerdem waren die meisten Geschosse heizbar. Zugleich diente der Turm der Verteidigung. Aufgrund seiner Höhe konnte man auch die weitere Umgebung beobachten und herannahende Gefahren schon sehr früh erkennen. Der Westseite vorgelegt ist ein schmaler Hof über dreieckiger Grundfläche, ein Teil des äußeren Burghofes. In dessen Ecke befindet sich ein Torturm. Von diesem führt eine Brücke über den Graben, der sich zusammen mit einem Wall um die westlichen und die nördlichen Teile der Burg zog. An den übrigen Seiten fällt der Fels steil ab.
Die Kasselburg gehört aufgrund ihres Doppelturms zu den interessantesten Burgen nicht nur in der Eifel. Über seine Zweckbestimmung hinaus ist der Turm auch ein Machtsymbol, das den Anspruch der Herrn von Plankenheim in deutlicher Weise zeigt. In diesem Bau sind drei Funktionen, nämlich Tor- und Wohnbau sowie Bergfried architektonisch in einmaliger Weise miteinander verbunden. Die Kasselburg ist – auch wegen des guten Erhaltungszustandes vieler Teile – ein sehr aussagekräftiges und anschauliches Zeugnis für den mittelalterlichen Wehrbau. Zugleich ist sie aufgrund der vielen verschiedenen hier verwendeten Steinmaterialien ein Spiegelbild der Eifellandschaft, deren Teil sie ist. Man findet unter anderem Dolomit, Buntsandstein, vulkanische Schlacke und Basalt.

Burg Eltz

Auf einem an drei Seiten von der Elz umflossenen 70 m hohen Felsen, einsam zwischen bewaldeten Hügeln liegt Burg Eltz. In ihren Anfängen diente sie dem Schutz eines Weges zwischen der Mosel und dem fruchtbaren Maifeld. Aufgrund der natürlichen Gegebenheiten wurde die Burganlage über ovaler Grundfläche errichtet. Unter Rudolph von Eltz entstanden im 12. Jh. die ersten Bauten, doch schon ab dem 13. Jh. kam es zur Stammesteilung und damit zur Teilung der Burg und der dazugehörigen Güter. Aus der Burg wurde eine Ganerbenburg; es lebten nun mehrere Linien der Familie Eltz in einer Wohngemeinschaft zusammen. Das Zusammenleben wurde durch Burgfriedensbriefe geregelt, die Verwaltung und Unterhaltung festschrieben. Im Laufe der Jahrhunderte wurden auf sehr begrenztem Raum um den engen Hof mehrere Häuser der einzelnen Familienstämme mit bis zu sieben Geschossen gebaut.
Der älteste Bau, Platteltz, an der höchsten Stelle gelegen, bietet noch das Bild eines Wohnturms des 13. Jhs. Das 15. und 16. Jh. war eine Zeit reger Bautätigkeit, sodass die Bauten dieser Zeit heute die Gestalt der Burg prägen. So entstand das Rübenacher Haus, nach Westen hin, dessen niedriges Zwischengeschoss und die runden Ecktürme verputzt sind. Dieses Haus hat auch im Innern seinen spätmittelalterlichen Charakter weitestgehend bewahrt. Nach Osten wurden die Rodendorfer und die Kempenicher Häuser mit ihren malerischen Fachwerkerkern gebaut. So lebten in den acht Wohntürmen zeitweise bis zu einhundert Familienmitglieder.
Die Wirren des Dreißigjährigen Krieges und auch den Pfälzischen Erbfolgekrieg 1688/89 überstand die Burg unbeschadet. Sie wurde aufgrund ihrer günstigen Lage nie erobert und nie gewaltsam zerstört. Da die Burg sich zur reinen Wohnburg entwickelt hatte, sind die Befestigungsanlagen nur bescheiden ausgebaut. So sind heute nur noch Teile einer Zwingeranlage mit einem runden Turm an der Westseite erhalten.
Seit über 800 Jahren ist die Burg im Besitz der Grafen von Eltz, seit dem 19. Jh. in der Hand einer Linie. Die Familie stellte mit Jacob von Eltz (1510–1581) einen Kurfürsten des Erzbistums Trier. Philip Karl von Eltz (1665–1743) war als Kurfürst von Mainz und Erzkanzler des Reiches eine der einflussreichsten Persönlichkeiten des 18. Jhs.
Im 19. Jh. wurde im Zuge der Romantik und damit einhergehend der Begeisterung für das Mittelalter die Burg restauriert. Mit ihrer vielfältigen Dachlandschaft, den Häusern mit ihren unterschiedlichen Bauformen, den reizvollen Fachwerkerkern und den abwechslungsreichen Baumaterialien entsprach und entspricht Eltz bis heute dem Idealbild einer mittelalterlichen Burg. Auch das Innere ist entsprechend gestaltet. Hier lässt sich adlige Wohnkultur seit dem 15. Jh. nachvollziehen. Architekturelemente, Wandmalereien, Wandteppiche, Möbel und Gebrauchsgegenstände bis hin zu kostbaren Gold- und Silberschmiedearbeiten in der

Burg Eltz

Schatzkammer vermitteln den Eindruck eines über Jahrhunderte gewachsenen Familienwohnsitzes.
Gegenüber der Burg Eltz ließ der Trierer Erzbischof Balduin im 14. Jh. auf einem steil aufragenden Felsen Trutzeltz oder Balduineltz errichten. Während der Eltzer Fehde wurde Burg Eltz von dort beschossen, konnte allerdings nicht erobert werden, sondern wurde zur Aufgabe gezwungen, indem man die Versorgungswege abschnitt. Die Hochfreien von Eltz wurden fortan kurtrierische Lehensleute. Heute ist noch der zweigeschossige Wohnturm, zu dem ein dreiseitiger Zwinger und eine Doppeltoranlage gehörten, als Ruine erhalten.

Prüm

Bis heute wird das Eifelstädtchen Prüm vom mächtigen Bau der Abteikirche und der Klosteranlage beherrscht. Der Gründung 721 durch die fränkische Adelige Bertrada und ihren Sohn folgte bald eine Blütezeit, denn durch familiäre Bindungen zu den Karolingern wurde Prüm zu deren Familienkloster. Karl d. Große nahm wohl selbst an der Weihe der ersten Klosterkirche durch Papst Leo III. teil. Kaiser Lothar I., ein Enkel Karls d. Großen, trat, nachdem er das Reich geteilt und die Krone niedergelegt hatte, in das Kloster ein, starb hier und wurde in der Klosterkirche begraben. Das Kloster gelangte zu umfangreichem Grundbesitz und gehörte

bald zu den bedeutendsten Klöstern im deutschen Sprachraum. Religiöse und kulturelle Impulse gingen von hier aus, im Skriptorium entstanden kostbare Handschriften, die erste Weltchronik in Deutschland schrieb Abt Regino hier um 900. Die zeitweise bis zu 300 Mönche des Benediktinerordens machten es zu einem geistigen und auch wirtschaftlichen Zentrum der Westeifel. Seit dem 13. Jh. nahm das Ansehen und auch der Besitz des Klosters ab, die Bauten konnten nicht mehr instand gehalten werden, allerdings blieb Prüm bis in das 16. Jh. reichsunmittelbares Fürstentum. Nachdem der Trierer Erzbischof 1576 Administrator von Prüm geworden war, brachte dies tiefgreifende Veränderungen mit sich. 1000 Jahre nach der Gründung veranlasste Kurfürst Franz Ludwig von Pfalz-Neuburg 1721 den Neubau der Kirche, da beim mittelalterlichen Bau beträchtliche Schäden aufgetreten waren. Er beauftragte den Trierer Hofbaumeister Hans Georg Judas mit der Planung. So entstand eine dreischiffige Basilika, deren Fassade von zwei kräftigen Türmen, einer davon noch vom gotischen Vorgängerbau, jedoch barock ummantelt, mit ihren schlanken Hauben bekrönt von Laternen gebildet wird. Der dazwischen liegende Fassadenteil endet in einem geschweiften Volutengiebel. Die heutige Farbgebung mit dem Rot der Putzflächen und dem Weiß der Werksteinteile ist nicht nachgewiesen, verdeutlicht aber im Sinn der Bauzeit die Gliederung der Architektur.
Im Anschluss an die Kirche wurden auch die Klostergebäude erneuert. Für die Planungen wurde Balthasar Neumann berufen, sein Schüler Johannes Seiz – mittlerweile Trierer Hofarchitekt – leitete die Bauarbeiten. Die um zwei Innenhöfe gruppierten Gebäude sind in spätbarocken Formen erbaut. Direkt an die Kirche schloss der Kreuzgangflügel an. Im Nordflügel waren Räume für den Kurfürsten vorgesehen, die auch nach außen hin durch eine aufwändigere, schlossartige Gestaltung angedeutet wurden. Die Bauarbeiten stockten 1765, Teile des zweiten Hofes blieben unvollendet und wurden erst 1908–12 nach den alten Plänen ergänzt.
Seit 1852 – das Kloster war inzwischen aufgehoben worden – ist in den Gebäuden eine Schule eingerichtet, die Abteikirche wurde zur Pfarrkirche St. Salvator.
Die bürgerliche Siedlung war zu allen Zeiten von der Abtei abhängig, ihre Bauten darauf bezogen. Immer wieder gab es Rückschläge in der Entwicklung. So vernichtete 1769 ein Stadtbrand den Ortskern fast vollständig. Die Auflösung des Klosters 1802 brachte in wirtschaftlicher Hinsicht deutliche Verluste, die durch die Ansiedlung von Verwaltungen ausgeglichen wurden. Der Aufschwung kam aber erst mit dem Bau der Eisenbahn Endes des 19. Jhs.
Im Zweiten Weltkrieg wurde Prüm weitgehend zerstört, auch Kirche und Klostergebäude erlitten gravierende Schäden. Der Wiederaufbau hatte gerade begonnen, als 1949 ein unterirdisches Munitionsdepot mit Sprengstoff explodierte und noch einmal gewaltige Schäden anrichtete. Kirche und Klostergebäude konnten wieder aufgebaut werden, im Stadtbild gibt es allerdings nur noch wenige Reste historischer Bausubstanz.

Prüm, Stadt und Abtei

Manderscheid

Zwischen Daun und Wittlich am westlichen Rand der Eifel liegt Manderscheid, ein historisch bedeutsamer Platz, der aus zwei Ortsteilen – Manderscheid und Niedermanderscheid – sowie zwei Burgen – Ober- und Niederburg – besteht. Der spannungsreichen Topographie, die durch den Lauf der Lieser und die Gebirgsformationen bestimmt wird, entsprechen die geschichtlichen Zusammenhänge.
Der Ort Manderscheid befand sich ursprünglich im Besitz der Abtei Echternach; die Herren und ab 1437 Grafen von Manderscheid waren deren Vögte. Trotz der eng benachbarten Lage der Burgen verlief zwischen beiden die Grenze zwischen Kurtrier (Oberburg) und Manderscheid (Niederburg).
Der heutige Luftkurort Manderscheid wird 1327 als Stadt genannt. Deutlich zu sehen auf dem Bild ist der ovale, im Mittelalter ummauerte Kern auf einer Bergkuppe. Ein Stadtbrand im Jahre 1791 vernichtete die ältere Bausubstanz fast vollständig. Erhalten sind wenige Reste der Mauer sowie die regelmäßige Struktur des Ortskerns. Der Westturm der 1961 neu gebauten Kirche stammt in Teilen noch aus dem späten 17. Jh. Zwischen Manderscheid und den zwei Burgen verläuft das an dieser Stelle schluchtartig enge Tal der Lieser, welche die beiden Burgen in einer Doppelschleife umfließt.
Die kleinere Oberburg ist die ältere der beiden Burgen. Sie wird bereits im 10. Jh. genannt. Im 12. Jh. musste sie Graf Hermann von Luxemburg an den Trierer Erzbischof abtreten. Unter Erzbischof Hillin wurde die Burg dann 1166 neu gebaut. Sie war Sitz eines Trierer Amtmannes und ist seit ihrer Zerstörung durch die Franzosen 1663 Ruine. Heute befindet sich die Oberburg im Eigentum der Gemeinde. Erhalten sind Teile der Ringmauer, die das dreieckige Bergplateau einfasst, Reste der Bauten und der fünfgeschossige Bergfried über rhombenförmigem Grundriss.
Die Niederburg, der Stammsitz der Grafen von Manderscheid, wurde vermutlich nach dem Verlust der Oberburg an Trier in der 2. Hälfte des 12. Jhs. erbaut. Lehnsherren waren die Grafen, später Herzöge von Luxemburg. 1427/28 stellte Friedrich von Manderscheid die Niederburg wieder her und legte eine befestigte Talsiedlung an zur Sicherung des Lieserübergangs, aber auch, um die gefährdete Angriffsseite hier im Süden zu schützen.
Im Dreißigjährigen Krieg wurde die Niederburg durch Erzherzog Albrecht von Österreich erobert, da die Manderscheider Grafen versuchten, in ihrem Herrschaftsbereich die Reformation einzuführen. Die Ruine verfiel in der Folgezeit immer mehr, bis sie 1899 durch den Eifelverein erworben wurde.
Von der Talsiedlung Niedermanderscheid her erstreckt sich die Niederburg über Stufen und Terrassen bis zu ihrem höchsten Punkt, dem Bergfried auf dem Gipfel. Der Höhenunterschied von hier bis ins Tal beträgt knapp 50 m. Hierdurch ergab sich die Notwendigkeit, die Höfe und Gebäude übereinander zu staffeln, Stützmauern zu bauen und Treppen- sowie Rampenwege zur Erschließung anzulegen. Der Weg in die Burg ist serpentinenartig geführt und wird durch mehrere Tore unterbrochen.
Auf einen breiten, mehrfach gesicherten Zwinger folgt auf der zweiten Hauptterrasse die eigentliche Burg mit einem Hof, um den Palas, Wohnbauten und Küchenbau gruppiert sind. Oberhalb steht der Bergfried des 12. Jhs., der noch eine Höhe von rund 18 m aufweist.
Die Niederburg von Manderscheid ist ein überzeugendes Beispiel dafür, wie man im Mittelalter eine topographisch äußerst schwierigen Situation meisterte. Zusammen mit der Talsiedlung Niedermanderscheid und ihren Fachwerkhäusern, der Oberburg und dem Ortskern von Manderscheid ergibt sich ein sehr dichtes Bild einer historischen Kulturlandschaft.

Malberg

Auf einem Bergsporn über dem Kylltal liegt Schloss Malberg umgeben vom Ort gleichen Namens. Zwei dicht benachbarte Burgen bildeten im 11. Jh. den Ursprung. Immer wieder wurden im Mittelalter Auseinandersetzungen zwischen Trier und Luxemburg um Malberg geführt. Die Herren von Malberg starben im 16. Jh. aus, sodass nach mehrfachem Besitzwechsel im frühen 17. Jh. die Herren von Veyder die Burg in ihren Besitz nahmen. Damals existierten noch Teile der mittelalterlichen Gebäude und der sog. „Altbau" des 16. Jhs.
Der Blick von Süden lässt das Gefüge der Burg deutlich werden. Hinter dem äußeren Burgtor folgt das Brauhaus, an dessen Südseite auf einer Terrasse der „eiserne Garten" noch in den Strukturen des 18. Jhs. liegt. Vom mittleren Tor steigt der Weg steil zum inneren Tor, das in einer Flucht mit dem mächtigen „Altbau" steht. Der schlichte, verputzte Bruchsteinbau entstand noch am Ende des 16. Jhs. und wurde im 18. Jh. umgebaut. Im rechten Winkel dazu schließt sich der Arkadenbau an, der auf hohen Substruktionen im frühen

18. Jh. zusammen mit dem „Neubau“ errichtet wurde. Ursprünglich diente er als Wagenremise und Heulager. Dem „Altbau“ gegenüber an der höchsten Stelle wurde der „Neubau“ errichtet. Bauherr war Johann Werner von Veyder, der 1703 zum Weihbischof von Köln ernannt worden war. So verfügte er über ein ausreichendes Vermögen, um den Familiensitz in ein zeitgemäßes repräsentatives Schloss umzubauen.

Wahrscheinlich wurde der Venezianer Matteo Alberti als Architekt verpflichtet. Er war als Hofarchitekt des Kurfürsten Johann Wilhelm von der Pfalz in Düsseldorf tätig. Zum Hof hin entstand eine Schaufront mit neun Achsen über zweieinhalb Geschosse mit einem mächtigen Walmdach. Zwei tiefe Seitenrisalite akzentuieren die Ecken. Die Fassade ist mit ihrem Portal und dem Dreiecksgiebel nach dem Vorbild italienischer Villen gestaltet. Rückfront und Seiten sind deutlich schlichter gehalten. Nach 1730 ergänzte man die Rückseite um eine zur Kyll hin gebaute Terrasse und den daran anschließenden „runden Garten“ mit monumentaler Freitreppe.

Die Ausstattung des Schlosses aus der Bauzeit mit Türen, Kaminen, Stuckdecken sowie einer sehr reizvollen gemalten Wandbespannung mit Genreszenen aus der Manufaktur des Frankfurter Malers J.A. Nothnagel zeugen von der wohl eingerichteten Residenz einer adligen Familie.

An den Nordhang des Schlossbergs angeschmiegt liegt der Ort Malberg, der im 14. Jh. erstmals erwähnt wurde. Hauptsächlich Handwerker siedelten hier, da ungünstige Bodenverhältnisse keine ertragreiche Landwirtschaft zuließen. Um 1700 lebten nur noch 11 Familien im Ort. Erst der Umbau des Schlosses und die Gründung einer Eisenhütte im 18. Jh. brachten einen raschen Aufschwung, der auch zu einer Ausweitung des Ortes führte. So entstanden die Häuser des alten Ortskerns fast alle zwischen 1770 und 1850 und sind bis heute erhalten.

Die Dorfkapelle des 18.Jhs. reichte der anwachsenden Bevölkerung nicht mehr aus, auch die Nutzung der an der Nordseite des Schlosses gelegenen Schlosskapelle war nur ein Provisorium, sodass 1905/06 der Neubau einer Pfarrkirche in den Formen der Neugotik erfolgte. Der bisher nur von der Schlossanlage beherrschte Ort erhielt damit einen markanten architektonischen Gegenpol.

Malberg mit Schloss

Wolsfeld bei Bitburg

Einige Kilometer südöstlich der Kreisstadt Bitburg liegt Wolsfeld an der Straße nach Echternach. Das Tal der Nims, deren Verlauf man im Vordergrund des Bildes sieht, bildet hier eine flache, weite Senke aufgrund des weichen Keupergesteins aus. Fruchtbare Böden zusammen mit einem für die Eifel verhältnismäßig günstigen Klima waren die Grundlage für die Entstehung der Dörfer im sog. Bitburger Gutland, dem nördlichen Teil der Trierer Bucht. Archäologische Funde aus nahezu allen vorgeschichtlichen Epochen belegen, dass dieser Raum schon immer bevorzugtes Siedlungsland war.
Wolsfeld ist urkundlich erstmals 799 greifbar. Fränkische Edelleute schenkten damals ihre hiesigen Besitzungen dem nahe gelegenen Kloster Echternach. Aus späterer Zeit ist zu berichten, dass verschiedene Adelsgeschlechter, darunter die Herren von Wolsfeld, hier Besitz hatten. Beziehungen gab es weiterhin zu den Klöstern Echternach und Himmerod sowie zum Erzbischof von Trier. Ein wichtiger Wirtschaftsfaktor war eine seit dem späten Mittelalter nachweisbare, aber vielleicht ältere Hubertuswallfahrt.
Seit dem 10. Jh. gehört das Nimstal mit Wolsfeld zu Luxemburg, später zu Österreich. 1801 bis 1815 war die Region französisch, danach Teil der preußischen Rheinprovinz.
Der alte Dorfkern liegt unterhalb der Straße Bitburg – Echternach, etwa in der Mitte des Bildes. Hier steht die alte, bis ins 12. Jh. zurückreichende und um 1500 gotisch erweiterte Hubertuskirche, Ziel der Wallfahrt. Hieran erinnert ein Wandbild, das ebenso wie das Hauptrelief des Altars von 1620 die Legende des heiligen Hubertus zeigt. Unweit der Kirche befindet sich die sog. Burg, ein ehemaliges herrschaftliches, jedoch stark verändertes Haus, dessen älteste Teile jedoch nur bis ins 17. Jh. zurückreichen.
Den eigentlichen historischen Kern um die alte Hubertuskirche und Burg bilden zwei Straßen mit Querverbindungen unterhalb der heutigen Europastraße, die als diagonale Linie durch das Bild läuft. Nach wie vor

Wolsfeld bei Bitburg

wird der alte Ortsbereich geprägt durch behäbige Bauernhäuser mit den zugehörigen Wirtschaftsgebäuden. Die Höfe sind offen, die Bebauung ist locker. Die Häuser sind größtenteils mit Schiefer gedeckt; Ziegel sind seltener. Fenster- und Türgewände sind von den hellen Wandflächen dunkler abgesetzt. Zusammen mit den Bauerngärten und Wiesen entsteht ein sehr lebendiges Bild. Die Bauweise der Gehöfte folgt dem Typ des sog. „Trierer Hauses", bei dem Wohn-, Stall- und Scheunenteil in einer Flucht unter einem Dach angeordnet sind. Größere Hofanlagen sind als Winkel- oder Dreiseithöfe organisiert. Die alte Bausubstanz stammt vorwiegend aus dem 17. und 18. Jh.

In der 2. Hälfte des 19. Jhs. verlagerte sich der Dorfmittelpunkt aus dem alten Kern an die Provinzialstraße, die heutige Europastraße (Bundesstraße 257). Hier entstand eine neue Schule (1913), ein Bahnhof an der Strecke Bitburg – Nierderweis – Irrel, ein Amtsgebäude und eine neue Kirche (1923–26). Auch die Neubaugebiete liegen in diesem Bereich, vor allem östlich der Bundesstraße.

Trotz aller Veränderungen und Entwicklungen ist das alte Eifeldorf in seiner Struktur und mit seinen Häusern und Höfen noch gut zu erkennen. Man spürt die Bemühungen um die Erhaltung und Nutzung des Überlieferten im Sinne einer richtig verstandenen Tradition.

MOSEL / TRIER

Mosel

Der Lauf der Mosel, die in den Südvogesen entspringt, führt von Trier aus in zahlreichen engen Windungen mäanderartig zur Mündung in Koblenz. Der Fluss markiert die Grenze zwischen Eifel und Hunsrück; die Mosel mit ihren abwechslungsreichen, sanften und steilen Hängen ist eines der bedeutendsten Weinanbaugebiete in Rheinland-Pfalz. Wie eine Perlenkette sind die über sechzig Dörfer und Städtchen entlang des Flusses aufgereiht. Auf den Höhen stehen die Ruinen zahlreicher Burgen, von denen nur wenige, wie die Reichsburg in Cochem, ganz oder teilweise wiederaufgebaut wurden.

Die Ortsbilder werden vielfach geprägt von bis in das Mittelalter zurückreichenden Fachwerkhäusern und Gehöften; geschickt werden die natürlichen Gegebenheiten ausgenutzt, ohne wertvolle Rebflächen in Anspruch zu nehmen. Neben dem Weinbau, der schon in römischer Zeit überliefert ist, lebten die Moselorte in früheren Zeiten vom Handel, beispielsweise mit Schiefer. Wie der Rhein ist auch die Mosel seit romantischer Zeit Ziel von Reisenden. Dies belegen ungezählte Beschreibungen und künstlerische Darstellungen.

Beilstein mit Burg Metternich

Beilstein

Überragt von der Burgruine Metternich und dominiert vom mächtigen Kirchenbau des 1636 begründeten Karmeliterklosters liegt der kleine, malerische Ort Beilstein im trichterförmigen Mündungsbereich eines kleinen Seitentales. Das geschlossene Ortsbild mit vielen historischen Bauten gruppiert sich um einen kleinen, aus dem Fels gebrochenen Marktplatz, an den auch die profanierte Christophoruskirche aus dem 18. Jh. angrenzt, zusammen mit dem Metternicher Hof, dem Zehnthaus und weiteren Häusern des 16.–18. Jhs.
Der Ort, der Lehensbesitz der Herren von Braunshorn war, besaß bereits 1319 Markt- und Stadtrechte. Damals wurde auch die mit der Burg verbundene Ortsbefestigung angelegt, von der Reste erhalten sind. Beilstein war Mittelpunkt einer kleinen Herrschaft, die bis zu 17 Dörfer umfasste. 1362 kam das Städtchen an die Herren von Winneburg, wurde mehrfach verpfändet und geriet in heftige Auseinandersetzungen zwischen der Ortsherrschaft und Kurtrier, die 1488 im „Beilsteiner Krieg" gipfelten. Nach dem Dreißigjährigen Krieg fiel Beilstein an Trier und als Lehen – mit Unterbrechungen – an die Herren von Metternich. 1689 wurde die Burg von französischen Truppen zerstört; der Ort blieb durch das Einschreiten der Mönche verschont. Nach dem Wiener Kongress kam das Moselland und damit auch Beilstein an das Königreich Preußen. Eingebettet in Weinbergslagen gehört Beilstein zu den reizvollsten Ortslagen der Mosel.
Dominierende Baugruppe über dem Ort ist die Kloster- und Pfarrkirche St. Joseph zusammen mit den alten Klosterbauten aus dem 17. und 18. Jh. Der Grundstein zur dreischiffigen Hallenkirche mit Mönchschor wurde 1636 gelegt. Die Strebepfeiler am Außenbau erinnern an mittelalterliche, gotische Bauten. Erhalten ist im Inneren die Ausstattung des 18. Jh.
Die Burg über dem Ort reicht möglicherweise bis in die Zeit vor 1000 zurück. 1129 wird sie erstmals erwähnt. Von den Herren von Braunshorn kam sie 1360 an die Herren von Winneburg und im 17. Jh. an die Reichsfreiherren von Metternich, deren Name sie bis heute trägt. Seit 1689 Ruine vermitteln beachtliche Reste von Bauten und Türmen noch den Eindruck einer ausgedehnten Wehranlage. Der fünfeckige Bergfried aus der Zeit um 1200 ist gegen die Angriffsseite, den Bergsattel gerichtet. Die langgestreckte Burganlage war durch vorgelegte Ring- und Zwingermauern geschützt, welche mit der Ortsbefestigung verbunden waren.

Traben-Trarbach

An einer engen Schleife der Mittelmosel liegt die seit 1904 vereinigte Doppelstadt Traben-Trarbach. Der ältere, 820 zum ersten Mal erwähnte Ort Traben breitet sich am sanft abfallenden Hang des Mont Royal aus. Auf der gegenüberliegenden Moselseite erstreckt sich der im 12. Jh. erwähnte Ort Trarbach, eingeengt von steilen Hunsrückhängen in einer Talsenke. Mehrere Feuersbrünste im 18. und 19. Jh. vernichteten fast die gesamte Bausubstanz, vor allem viele Fachwerkhäuser. Die am höchsten Punkt auf einem Bergrücken über Trarbach gelegene St. Nikolauskirche wurde auch in Mitleidenschaft gezogen, dann aber in ihren ursprünglichen Architekturformen wieder aufgebaut. Die Grafen von Sponheim als Ortsherren ließen die zweischiffige Kirche mit einem Westturm und zwei Chören im 14. Jh. errichten. Auch die über einem steilen Bergsporn über der Stadt und der Mosel liegende Grevenburg wurde im 14. Jh. von den Grafen von Sponheim in Zusammenhang mit der Befestigung des Ortes gebaut. Nach zahlreichen Beschießungen, Eroberungen und Besitzwechseln – insgesamt dreizehn – wurde die Burg 1734 endgültig verwüstet, sodass heute nur noch wenige Reste der einstmals strategisch so wichtigen Anlage erhalten sind.
Auch über Traben wurde eine Festung errichtet. Von drei Seiten durch den Mosellauf natürlich geschützt, bot sich das Hochplateau zum Bau einer solchen Anlage an. Ludwig XIV. von Frankreich hatte während der sog. Reunionskriege Gebiete an Nahe, Saar und Mosel besetzt, auf die er aufgrund komplizierter alter Verträge Rechtsansprüche zu haben glaubte. Um diese durchzusetzen errichtete er zahlreiche Festungen. Montroyal über Traben sollte die Versorgungsbasis dieses Festungsnetzes werden. Ab 1687 wurde nach Plänen des Festungsbaumeisters Sebastien de Vauban mit dem Bau einer modernen Kernfestung 200 m über der Mosel begonnen. Bastionen, Wälle, Bollwerke und 155 Kanonen sicherten eine 1,6 km lange und 750 m breite Zitadelle mit Kasernen und Zeughaus. 1690 betrug die Besatzungsstärke über 8000 Mann in der Festung, ungeheure Mengen an Verpflegung wurden dort gelagert. Doch schon bald konnte Frankreich die enormen finanziellen Mittel für Unterhalt und Weiterbau nicht mehr aufbringen. Wachsender

Moselschleife bei Traben – Trarbach

politischer Druck und unglücklicher Kriegsverlauf führten im Friedensschluss von Rijswijck dazu, dass Frankreich Montroyal schleifen musste, die Steine wurden von den Bewohnern des Ortes als Baumaterial verwendet. Durch Grabungen 1929–37 konnten Teile der Festungsmauern freigelegt werden. Allerdings sind diese Bereiche mittlerweile wieder überwuchert und deshalb im Gelände kaum wahrnehmbar. Auf der Hochfläche befindet sich heute ein Sportflugplatz.
In Traben-Trarbach setzte zu Beginn des 20. Jhs. ein Wirtschaftsaufschwung ein, besonders im Bereich des Weinhandels. Nachdem die alten Ortskerne durch Feuer fast völlig zerstört waren, begann eine rege Bautätigkeit. Für öffentliche Institutionen wurden neue Gebäude errichtet. Der Berliner Architekt Bruno Möhring baute eine neue Moselbrücke als vierteilige Bogenkonstruktion mit dem mächtigen Brückentor auf Trarbacher Seite, aufwändig im Stil des Historismus dekoriert. Die Brücke wurde im Zweiten Weltkrieg zerstört, das Brückentor blieb erhalten. Bruno Möhring plante und baute in den folgenden Jahren mehrere Hotels, Villen und eine Kellerei in der Architektursprache des Jugendstils, zugleich mit Anklängen an regionale Bautraditionen. So hat sich in Traben-Trarbach ein eigener, für die Mosellandschaft völlig untypischer Baustil entwickelt, der das Ortsbild bis heute prägt.

Bernkastel-Kues

Bernkastel-Kues

An einer Moselschleife liegt der seit 1905 vereinigte Doppelort Bernkastel-Kues. Im 9. Jh. erstmals erwähnt befand sich das Gebiet seit dem 13. Jh. in der Hand der Trierer Erzbischöfe. Der Ortsteil Bernkastel erstreckt sich eingeengt zwischen Höhenzügen des Hunsrücks an der Einmündung eines Baches, überragt von der

Burgruine Landshut. Die Burg wurde im 13. und 14. Jh. von den Trierer Erzbischöfen erbaut und als Sommerresidenz großzügig ausgestattet. 1692 vernichtete ein Feuer – ohne kriegerische Einwirkung – die Anlage. Seit dieser Zeit ist sie Ruine, der hohe Bergfried beherrscht noch heute die Anhöhe.
In der Moselfront von Bernkastel fällt der mächtige steinsichtige Turm, dessen Helm von acht kleinen Türmchen umstellt ist, ins Auge. Er entstand wohl als Wehrturm der hier vorbeiführenden Stadtmauer im 13. Jh. Die St. Michaelskirche daneben wurde unter Verwendung älterer Teile im 14. Jh. errichtet. Im 18. Jh. vereinigte man durch einen Vorbau mit schlichter barocker Fassade Kirche und Turm. Die Hauptstraße führt von der Brücke zum Marktplatz, der mit seinen prachtvollen Fachwerkhäusern des 16. und 17. Jhs. zu den schönsten an der Mosel gehört. Das massiv gebaute Rathaus von 1608 mit seiner ursprünglich offenen Erdgeschosshalle und der Michaelsbrunnen repräsentieren Wohlstand und Bürgerstolz.
In Bernkastel beginnen hinter der letzten Häuserreihe am linken Moselhang die Weinberge der Lage 'Bernkasteler Doctor', eine der bekanntesten Weinlagen der Mosel. Sie wurde der Überlieferung zufolge von Erzbischof Beomund im 13. Jh. so benannt, da ihm dieser Wein bei einer schweren Krankheit wie eine Medizin geholfen hatte.
Auf der gegenüberliegenden Seite der Mosel breitet sich der Ortsteil Kues an einem sanft ansteigenden Hang aus, der wohl schon seit der Jungsteinzeit besiedelt war. Im Mittelalter wohnten vor allem Winzer und Schiffer dort. Hier wurde 1401 der Wissenschaftler, Philosoph und Kirchenfürst Nikolaus von Kues gen. Cusanus als Sohn eines wohlhabenden Schiffers und Kaufmanns geboren. Als Gesandter und Vermittler des Papstes war er in Konstantinopel und auf Reichstagen tätig. Der Papst ernannte ihn wegen seiner Verdienste zum Kardinal, später zum Generalvikar der Diözese Rom.
Nikolaus von Kues blieb zeit seines Lebens mit seiner Heimat verbunden. Dies bezeugte er durch das von ihm gestiftete St. Nikolaushospital oder Cusanusstift. 1458 verfügte er in der Stiftungsurkunde, dass im Hospital 33 alte Männer beherbergt werden sollten. Dazu wurde das Stift am Moselufer – links von der Brücke zu sehen – errichtet. Wie bei einer kleinen Klosteranlage gruppieren sich die Zimmer der Bewohner um einen Kreuzgang ebenso Krankensaal und Refektorium. Die Hospitalkapelle schließt nach Osten an und bildet mit weiteren Räumen und einem im 18. Jh. hinzugefügten Trakt eine Baugruppe um einen zweiten Innenhof. Das Stift war zu Lebzeiten des Kardinals vollendet, der prachtvolle Kapellenbau mit seinem Sterngewölbe und der reichen Ausstattung erst einige Jahre später. Nach seinem Tod 1464 wurde sein Herz in der Kapelle beigesetzt. In der Bibliothek werden Handschriften aus seinem Besitz, seine eigenen Schriften, Urkunden und seine astronomischen Geräte aufbewahrt.
Auch heute, nach über 500 Jahren, erfüllt das Hospital noch seine ursprüngliche Aufgabe. Die wirtschaftliche Basis sichern Weinberge mit 75000 Rebstöcken in besten Mosellagen.

Moselstaustufe bei Detzem

Seit der Antike wurde die Mosel als Wasserstraße genutzt, wobei erst 1839 der seit Jahrhunderten übliche Treidelverkehr durch Dampfschiffe abgelöst wurde. Die Dampfschifffahrt konnte sich aber nicht sehr lange gegen die Konkurrenz der Eisenbahn behaupten, was schließlich zum Erliegen der Moselschifffahrt führte, denn nur vergleichsweise kleine Schiffe konnten auf dem vielfach gewundenen Fluss fahren. Trotz des Baus von Buhnen und Längswerken waren die Schwankungen des Wasserstandes zu groß. Man erarbeitete deshalb Pläne, die Mosel durch Staustufen zu einem ganzjährig befahrbaren Schifffahrtsweg zu machen. Eine erste Staustufe entstand zwischen 1941 und 1951 bei Koblenz. 1956 verständigten sich Deutschland, Frankreich und Luxemburg über den Ausbau der Mosel zum Großschifffahrtsweg zwischen Koblenz und Thionville südlich von Metz.
Von 1958 bis 1964 entstanden insgesamt 13 Staustufen im Abstand von jeweils rund 19 km. Auf der Mosel verkehren seither neben Fracht- und Transportschiffen zunehmend Ausflugsschiffe und Sportboote.
Eine der Schleusen befindet sich beim Moseldorf Detzem, dessen keilförmiger Ortsgrundriss in der oberen Bildhälfte zu sehen ist. Der Name Detzem wird wohl abgeleitet von „ad decimam leugam" = beim zehnten Leugenstein. Das im Jahre 202 eingeführte Maß der Leuge – ca. 2,2km – bezeichnete an der Fernstraße Trier – Bingen – Mainz die Entfernung nach Trier, das damals bereits Verwaltungssitz und eine bedeutende Provinzhauptstadt war. Detzem war fränkisches Königsgut, das 893 an die Trierer Abtei St. Maximin kam. Unter den Maximiner Besitzungen spielte Detzem eine besondere Rolle unter anderem als Sitz eines Hochgerichtes. In der Burg war die Vogtei untergebracht. Der alte Ortskern mit der Kirche St. Agritius, ein Patrozinium, das auf eine frühe Gründung hinweist, ist deutlich zu erkennen. Der Chor der Kirche stammt aus der Zeit um 1500; Langhaus und Westturm entstanden 1735/36.

Erhalten ist in Detzem auch der ehemalige Hof der Abtei St. Maximin, ein lang gestreckter Barockbau.
Der Bau der Detzemer Staustufe nutzte eine längliche, tropfenförmige Insel im Fluss. Im breiteren Moselbogen (links) ist die eigentliche Staustufe zu sehen. Mit neun Metern ist die Detzemer Wehrmauer die höchste an der Mosel. Im schmalen Flusslauf beim Ufer auf der gegenüberliegenden Seite ist die 170 x 12 Meter große Schleuse eingebaut. Weiter flussabwärts liegt das Dorf Thörnich inmitten von Feldern und Weinbergen. Hier führt eine Brücke über die Mosel.
Die Moselschleusen und Staustufen haben das Bild des Flusses auch im Zusammenhang mit Uferbegradigungen verändert, gleichzeitig aber die Möglichkeit geschaffen, einen uralten Wasserweg weiter zu nutzen. Die technischen Anlagen gehören heute zum charakteristischen Bild der Mosellandschaft.

Moselstaustufe bei Detzem

Trier

In einer Talweite der Mosel auf einer Niederterrasse, geschützt vor Hochwasser entstand die Stadt Trier. Nach der Eroberung Galliens durch Cäsar wurde diese als Siedlungsfläche für die Treverer, die man unterworfen und zu Verbündeten gemacht hatte, und die Römer bestimmt. Geschützt durch die steilen Berge rundherum und das milde Klima des Talkessels, durch Quellen und Bäche mit Trinkwasser, sowie durch fruchtbare Böden im Umland mit Nahrungsmitteln versorgt, boten sich hier ideale Bedingungen für eine große Siedlung.
Ein Anhaltspunkt für die Stadtgründung ist die Pfahlrostbrücke, die im 1. Jh. v. Chr. gebaut wurde. 154 ersetzte man sie durch eine Steinpfeilerbrücke. Ihre als Eisbrecher aus Eifelbasalt zugeschnittenen Pfeiler bilden noch heute den Unterbau der Moselbrücke, die am unteren Bildrand zu sehen ist. Die Stadtanlage wurde entwickelt nach italischem Vorbild mit einem rechtwinkligen Straßennetz, zwei Hauptstraßen, an deren Kreuzungspunkt das Forum angelegt wurde. Im ersten und vor allem im 2. Jh. blühte die Stadt auf. Einheimische Bevölkerung und Römer schufen ein Gemeinwesen mit stark ausgeprägter römischer Lebensform. Die Barbarathermen – großzügig ausgestattete Badeanlagen –, das Amphitheater, ein Zirkus und Tempelanlagen zeugten vom Reichtum der Stadt. Auch die privaten Bauten wurden prächtig ausgestattet. Die Stadtbefestigung, die ebenfalls im 2. Jh. errichtet wurde, umfasst ein Areal von 285 Hektar. Trier war somit die größte Stadt nördlich der Alpen. Die Porta Nigra, eines der einstmals fünf Stadttore, entstand als repräsentatives Bauwerk in Friedenszeiten.
Schwierigen Zeiten folgte am Ende des 3. Jhs. eine zweite Blüte, als Trier zur Residenz erhoben wurde. Erneut begann ein großzügiges Ausbauprogramm mit der Errichtung der Palastaula, der großen Empfangshalle des Kaiserpalastes, die heute noch als prägnantes rotes Gebäude im Stadtbild präsent ist. Auch die Kaiserthermen wurden begonnen, allerdings nicht vollendet.
Unter Kaiser Konstantin verbreitete sich das Christentum in Trier, erste christliche Bauten entstanden, so die Doppelbasilika, an deren Stelle der mittelalterliche Dom gebaut wurde. Bis zum Ende des 4. Jhs. behielt die Stadt ihre bedeutende Stellung bei. Nach dem endgültigen Abzug der Römer im 5. Jh. übernahmen die Franken das Territorium und gliederten es in ihr Reich ein. In den Wirren der folgenden Zeit stellte die christliche Kirche mit ihren Bischöfen eine Kontinuität dar, gab den Menschen Sicherheit und trat somit die Rechtsnachfolge des römischen Staates an. Die deutlich dezimierte Bevölkerung lebte innerhalb der römischen Stadtgrenzen, in den antiken Monumenten bauten Familienstämme ihre Burgen. Klöster entstanden. Erst im 12. Jh. umgab man Trier erneut mit einer Befestigung, allerdings umfasste sie ein Gebiet, das nur noch halb so groß war wie das der römischen Stadt. Der Verlauf der mittelalterlichen Stadtmauer ist heute ablesbar am Alleenring. Beginnend bei der Römerbrücke führt er um die Kaiserthermen herum, verläuft oberhalb der Basilika und führt im Norden an der Porta Nigra vorbei wieder zum Moselufer zurück. Bis in das 19. Jh. blieb die Stadtmauer erhalten und bestimmte die Ausdehnung der Stadt.
Im Mittelalter entstand ein neues wirtschaftliches Zentrum, der Marktplatz (Hauptmarkt) mit der Marktkirche St. Gangolf, auf den die Straßen nun sternförmig zuliefen, das rechtwinklige römische Straßensystem verschwand. Die Bürgerschaft initiierte eigene Bauvorhaben, zeitweise galt Trier als freie Reichsstadt. 1580 wurde Trier endgültig zur kurfürstlichen Stadt, der Erzbischof wurde Stadtherr, auch wenn er in den folgenden Jahrhunderten nicht immer hier residierte. Nach dem Einmarsch der französischen Revolutionstruppen 1794 wurde der Kurstaat aufgehoben, die Klöster aufgelöst. Die Stadt, die von der wirtschaftlichen und kulturellen Kraft des Bischofshofes und der Klöster geprägt war, geriet in eine Krise, die auch durch die Zeit als Sitz einer Bezirksregierung der preußischen Rheinprovinz nur wenig gemildert wurde. Mit

dem Ausbau des Eisenbahnnetzes ab 1860 kam auch hier der wirtschaftliche Aufschwung. Nach schweren Zerstörungen im Zweiten Weltkrieg erholte sich die Stadt nur langsam. Heute ist Trier eine Großstadt mit einer Universität und Zentrum für ein großes Umland.

Trier

Trier, Kernstadt

Drei für die Entwicklung der Stadt prägende Bereiche sind auf diesem Foto zu sehen: die Basilika, der Dombezirk und – am unteren Rand – der Hauptmarkt mit der St. Gangolfkirche.
Der monumentale Bau der Palastaula wurde 305–11 unter Kaiser Konstantin errichtet, als Trier zur Residenzstadt des römischen Reiches erhoben worden war. Über den Ruinen eines Palastes entstand ein gewaltiger Saal mit einer Apsis. Große Rundbogenfenster in zwei Reihen übereinander angeordnet, unter Blendarkaden, gliedern den einstmals verputzten Bau. Er gilt als der größte erhaltene stützenlose Bau der Antike. Im Inneren war er wohl prächtig mit farbigen Wandinkrustationen und Intarsien in Marmor ausgestattet. Während der fränkischen Zeit verfiel die Palastaula und erst als Sitz des Trierer Bischofs überstand sie zumindest in Teilen. Als im 17. Jh. ein repräsentatives kurfürstliches Schloss geplant wurde, bezog man den Bau mit ein. Auf Anordnung König Wilhelm IV. von Preußen wurde das jetzt Basilika genannte Gebäude ab 1844 in seiner ursprünglichen Größe wiederhergestellt und zur evangelischen Kirche umgewidmet. Nach Kriegsschäden erfolgte ein puristischer Wiederaufbau, wodurch die die antiken Raumdimensionen wieder erfahrbar werden.
Die Baugruppe von Dom und Liebfrauenkirche steht für das zweite die Stadt prägende Element, die Bischofs-

Trier, Kernstadt

stadt. Als älteste deutsche Bischofskirche entstand der Dom der Überlieferung nach auf den Mauern des Palastes der Kaiserin Helena, der Mutter Kaiser Konstantins. Sie schenkte im frühen 4. Jh. dieses Gebäude und ließ es in eine Kirche zu Ehren des hl. Petrus umbauen. Aus dieser antiken Doppelkirchenanlage gingen die beiden nebeneinander liegenden Kirchen Dom und Liebfrauen hervor. Durch den Umbau der Nordbasilika entstand noch im 4. Jh. der sog. Quadratbau, dessen Umfassungsmauern heute noch den Kernbereich des Domes bilden. Eine seiner Säulen liegt als sog. Domstein vor dem Eingang. In den folgenden Jahrhunderten wurde am Dom ständig gebaut. Das Langhaus und die Westfront mit den zwei Türmen und der Westapsis entstanden im 11. Jh., der Ostchor im 12. Jh. Auch die Barockzeit hat mit dem Anbau der Heiltumskammer zum Gesamtbild dieses Kirchenbaus beigetragen.
Anstelle der antiken Südbasilika wurde um die Mitte des 13. Jhs. die Liebfrauenkirche errichtet. Als frühester Zentralbau in Deutschland, der konsequent in gotischer Formensprache gebaut wurde, entwickelt er sich über einer zentralen Vierung mit vier gleichen Kreuzarmen. Die filigrane Architektur steht im Gegensatz zur monumentalen Architektur des Domes und ergänzt diesen doch in besonderer Weise.
Der vor dem Dom gelegene Platz, der Domfreihof weist auf die ehemals eigenständige Gerichtsbarkeit des Domviertels hin, das im Mittelalter sogar von einer eigenen Mauer umgeben war. Dieser Bereich war immer den Domherrenkurien vorbehalten.
Nach Westen – im unteren Bildbereich links – schließt die Umbauung des Hauptmarktes an. Erzbischof Heinrich gründete ihn im 10. Jh. unmittelbar am Rand der Domimmunität. Als Hoheitszeichen wurde das heute noch erhaltene Marktkreuz errichtet. Der unregelmäßige dreieckige Platz, auf den schon seit dem Mittelalter die Straßen sternförmig zuliefen, ist das bürgerliche Zentrum. Das Fest- und Empfangsgebäude der Trierer Bürger aus dem 15. Jh., die Steipe, wurde nach Kriegszerstörung im Zweiten Weltkrieg wieder aufgebaut und prägt mit seinem hohen, steilen Dach die Marktbebauung. Eingefasst von Häusern der Renaissance, des Barock, des Klassizismus und des Historismus, spiegelt der Hauptmarkt Bürgerstolz und Wohlstand wider. Auch der am Ende des 16. Jhs. entstandene Markt- oder Petrusbrunnen entstand auf Beschluss des Stadtrates. Aus einer bischöflichen Kirche ging im 15. Jh. die Stadtpfarrkirche St. Gangolf hervor. Eingebaut zwischen Häuser überragt ihr mächtiger Turm die Umgebung. Eine reiche Bürgermeisterswitwe hatte Geld gestiftet, um den Turm zu erhöhen und somit ein Zeichen des Bürgerstolzes gegen den bischöfliche Dom zu setzten. Dies führte allerdings zur Erhöhung eines der Domtürme.

Trier, Porta Nigra

Trier, Porta Nigra

Das bekannteste der Trierer antiken Baudenkmäler und gleichzeitig Wahrzeichen der Stadt ist die Porta Nigra, ursprünglich Porta Martis genannt . Sie wurde errichtet als Nordtor der römischen Stadtbefestigung vermutlich im letzten Drittel des 2. Jhs. n. Chr. Der Bau besteht aus einem Mittelteil, der eigentlichen Toranlage mit zwei Durchfahrten, deren Innenhof als Zwinger dient. Zwei Türme, die zur Landseite hin aus verteidigungstechnischen Gründen halbrund vor die Stadtmauer vorstehen, flankieren den Torbau. Zur Stadtseite sind die Türme als flache Risalite ausgebildet, die ursprünglich von Giebeln bekrönt waren. Das Material ist grauweißer Sandstein aus der Umgebung. Die einzelnen Quader sind ohne Mörtel horizontal durch Eisenklammern verbunden, die mit flüssigem Blei ausgegossen wurden. Die Geschosse über dem massiven Sockel sind durch Fenster gegliedert, Pilaster und Halbsäulen mit Kapitellen strukturieren die Geschosse. Die Zierelemente und auch teilweise die Wandflächen sind in unfertigem Zustand stehen geblieben, die Bauarbeiten mussten offensichtlich überhastet abgebrochen werden, wobei die Gründe hierfür nicht eindeutig ersichtlich sind.
Nach dem Niedergang des römischen Reiches im 5. Jh. wurde die Porta Nigra als Steinbruch und Metalllager – man schlug tiefe Löcher in die Quader um an die Metallklammern zu gelangen – benutzt. Die Rettung kam, als sich 1030 Simeon, ein oströmischer Mönch im Ostturm der Porta Nigra als Eremit niederließ. Er hatte die Bekanntschaft des Trierer Erzbischofs Poppo von Babenberg gemacht und ihn auf eine Pilgerfahrt in das Heilige Land begleitet. Nach der Rückkehr lebte er bis zu seinem Tod 1035 im Ostturm und wurde seinem Wunsch gemäß auch dort bestattet. Erzbischof Poppo ließ seinen Freund heilig sprechen, gründete ihm zu Ehren ein Stift und begann den antiken Torbau in eine Kirche umzuwandeln. Es entstand eine dreischiffige Doppelkirche, der Westturm wurde zum Westwerk, der Zwinger durch Einbau von Decken zum Mittelschiff. An den Ostturm baute man im 12. Jh. eine Apsis an. Bis zum Einmarsch der französischen Revolutionstruppen 1794 diente der Bau als Kirche. Mit der Auflösung des Stiftes begann die erneute Ausplünderung, bis auf Anordnung Napoleons, der die Porta Nigra zu einem 'nationalgallischen' Denkmal gestalten wollte, alle nachrömischen Um- und Einbauten entfernt wurden; nur die mittelalterliche Apsis blieb als einziger späterer Bauteil bestehen.
Auf die Porta Nigra mündet die Simeonsstraße, die auf den römischen Cardo Maximus, eine der beiden Hauptstraßen, zurückgeht. Pfeilerbasen deuten an, dass die Straße in der Spätantike von überdeckten Pfeilerhallen gesäumt war.
Westlich schließt sich das Simeonsstift an, das Erzbischof Poppo 1041 gegründet hatte und das bald zu den bedeutendsten Stiften und Klöstern von Trier zählte. Ein zweigeschossiger Kreuzgang mit Dormitorium und Refektorium sowie eine Brunnenkapelle wurden angelegt. Die Stiftsherren wohnten allerdings in eigenen Kurien außerhalb des Stiftsberings, sodass schon im 18. Jh. hier Wohnungen eingerichtet wurden und die Gebäude verändert wurden. Im Rahmen der im 3. Reich geplanten Ausgestaltung der 'Via Archaeolgica' wurden die Stiftsgebäude rekonstruiert, heute ist das Städtische Museum hier untergebracht. Neuerdings wurde ein moderner Vorbau als Erschließungsbereich hinzu gefügt.
An der Verengung der Simeonsstraße steht rechtwinklig zum Straßenraum die barocke Kapelle des St. Nikolaushospitals. Der zweigeschossige Bau mit einer Rundapsis wurde 1761 errichtet, die Südseite ziert ein prachtvolles Portal. Das zugehörige Gebäude wurde den barocken Formen der Kapelle angepasst.

Trier, Kaiserthermen

Nachdem Trier am Ende des 3. Jhs. zur Residenz erhoben worden war, wurde für den kaiserlichen Hofstaat und die Verwaltung mit dem Ausbau der Stadt begonnen. Unerlässlich waren Badeanlagen, die nicht nur hygienische Aufgaben erfüllten, sondern auch soziale und kommunikative. Sie bildeten den Mittelpunkt des gesellschaftlichen Lebens. Innerhalb des großen konstantinischen Palastbezirks wurde eine repräsentative, in ihren Ausmaßen riesige Anlage geplant und begonnen. Es gehörten dazu ein Frigidarium = Kaltbad, ein Tepidarium = gemäßigt warmer Raum und als Höhepunkt das Caldarium = Warmbad, ein meist aufwändig gestalteter Raum. Die Palästra diente der sportlichen Betätigung aber auch der Unterhaltung in den sie umgebenden Wandelhallen. Eine Anzahl von Nebenräumen wie Ruheräume und Umkleideräume vervollständigten das Bauprogramm. Für den ständigen Nachschub an warmem Wasser, Heizwärme und den Abfluss von gebrauchtem Wasser über Kanäle sorgte ein weit verzweigtes unterirdisches Bedie-

Trier, Kaiserthermen

nungssystem. Zuerst wurde mit den unterirdischen Versorgungseinrichtungen begonnen, es folgte die Baugruppe im Osten mit Frigidarium und Caldarium. Dessen Apsiden mit den großen Rundbogenfenstern sind als Ruine seit der Antike sichtbar. Auf Grund politischer Veränderungen geriet die Bautätigkeit ins Stocken. Nur das Caldarium war als Baukörper vorhanden. Vieles war bis dahin nicht über die Fundamente hinaus gelangt. Im 4. Jh. wurde an den „Bauruinen" weitergebaut, jedoch mit geänderten Plänen. Die Kellergänge wurden verfüllt, das Caldarium zu einem großen Saal umgebaut, um die Palästra herum kleine Kammern

errichtet. Möglicherweise diente der nun veränderte Komplex als Kaserne. Spätestens seit den Germaneneinfällen um 460 – Trier hatte seinen Rang als Residenz schon vorher verloren – standen die Bauten leer. Die Bevölkerung suchte Schutz hinter ihren starken Mauern, allerdings wurden die großartigen Gebäude nicht mehr genutzt und verfielen.
Beim Bau der mittelalterlichen Stadtmauer wurde die monumentale Ruine miteinbezogen. Die Trümmer lagen so hoch, dass ein Fenster der Apsis des Caldariums als Stadttor genutzt werden konnte. Auf dem Gelände, das nun die südöstliche Ecke der mittelalterlichen Stadt bildete, entstand eine kleine Siedlung mit einem Wohnturm, einem Kloster und Handwerksbetrieben. Von der Stadtbefestigung des 12. Jhs. haben sich an der Außenseite noch Reste der Mauer und einiger Wachtürme erhalten.
Erst durch die Ausgrabungen 1912 und 1960/66 wurde die Dimension der Anlage deutlich. Auch die frühere Vorstellung, dies sei ein Kaiserpalast gewesen, wurde durch die Interpretation als Thermenanlage und Kaserne abgelöst. Zur Sicherung der noch bestehenden Bögen der Apsis wurde ein Teil ergänzt. An der Nordseite des Areals entstand in jüngster Zeit ein moderner Eingangsbereich, der die Grenzen des Terrains aufnimmt. Offene Pergolen in Erinnerung an die Säulenhallen der Palästra, eine verglaste Halle sowie ein Aussichtsturm erschließen dem Besucher das Thermengelände.
Außerhalb der Stadtmauer steht die Vierflügelanlage des Landesmuseums – im Bild oben links, das zwischen 1885 und 1925 in den Formen der Neorenaissance errichtet wurde. Ein moderner Erweiterungsbau der achtziger Jahre schließt sich an. Im Innenhof des Museums ist die farbig gefasste Kopie der Igeler Säule, eines mächtigen römischen Grabdenkmals der Zeit um 250, zu erkennen.

Saarburg

Südlich von Trier an der Saar, die bei Konz in die Mosel mündet, liegt Saarburg, eine Stadt mit vielen Gesichtern. Keimzelle der Siedlung, die 964 erstmals erwähnt wird, ist der Burgberg, der damals noch vom Leukbach umflossen wurde. Im 11./12. Jh. wurde der Fluss vom Burgberg umgeleitet und mitten durch die Stadt in einem künstlichen Bett der Saar zugeleitet. Zuvor stürzt der Leuk als Wasserfall 17 m tief herab. Diese Verlegung des Flusslaufes, eine bemerkenswerte technische Leistung des Mittelalters, eröffnete neue Möglichkeiten der städtebaulichen Entwicklung Saarburgs, das zunächst den Luxemburger Grafen, dann aber seit dem 11. Jh. zu Trier gehörte. Die strategisch interessante Lage an der Saar führte zum Ausbau der Siedlung, die im 14. Jh. Stadtrechte erhielt und Sitz eines kurtrierischen Amtes wurde. Handel und Gewerbe, Fischerei und Schifffahrt sowie Gerberei und Weinbau waren die wirtschaftlichen Grundlagen für eine aufstrebende Entwicklung. Im 17. und 18. Jh. wurde die Stadt als Grenzort durch die Kriegszügen Frankreichs immer wieder in Mitleidenschaft gezogen. Nach 1816 wurde Saarburg preußische Kreisstadt. Der Ort wurde gerne von Romantikern besucht, für die Saarburg das Urbild einer mittelalterlichen Kleinstadt verkörperte. Ende des 19. Jhs. verloren Schifffahrt und andere Wirtschaftszweige wie die Gerberei an Bedeutung. In den 30er Jahren des 20. Jhs. war Saarburg militärisch wieder interessant. Die Stadt bildete den Brückenkopf zur linken Saarseite, die mit dem Westwall befestigt wurde. Nicht zuletzt deshalb gab es erhebliche Bombenschäden im Zweiten Weltkrieg.
Die Kernstadt besteht – im Bild von links – aus Oberstadt, Burg und Unterstadt, der am Fuß des Burgbergs gelegenen Fischer- und Schiffersiedlung Staden. Die Stadtbefestigung aus dem 14. Jh. wurde bis zum 17. Jh. immer wieder ausgebaut und umschließt Oberstadt, Burg und noch den Staden. Der Verlauf der Straßen und Gassen in der Oberstadt entspricht vielfach noch dem mittelalterlichen Grundriss. Es gibt zwei Marktplätze und eine dichte Bebauung, was sich auch in der lebendigen Schieferdachlandschaft ausdrückt. In der Oberstadt steht die große, in der Mitte des 19. Jhs. unter Einbeziehung älterer Teile errichtete neugotische Laurentiuskirche. Als Pendant entstand 1892/93 in dominanter Lage zwischen Stadt und Burg die ebenfalls historistische evangelische Pfarrkirche. In der Oberstadt ist als größter Baukomplex der Warsberger Hof zu erkennen, im wesentlichen ein Bau vom Ende des 17. Jhs. mit späteren Veränderungen; heute Sitz der Stadtverwaltung. Das gut erhaltene Stadtbild lebt von den unterschiedlichen Höhen rund um den Leukkessel und zahlreicher Baudenkmäler verschiedener Epochen.
Von der einst stattlichen Burg sind seit ihrer endgültigen Zerstörung 1689 und der Plünderung als Steinbruch noch verschiedene Mauerzüge und das am höchsten Punkt des Burgberges stehende Burghaus, das einen runden Bergfried umschließt, als Ruine erhalten.
Die Ufersiedlung Staden beginnt im Bereich des Leukwasserfalls und zieht sich entlang der Sauer bis ganz

Saarburg

um den Burgberg herum. Am Leukkessel stehen einige alte Mühlen; sie werden abgelöst von Fischer- und Schifferhäusern mit bemerkenswerten Baudetails. Mit dem Staden inzwischen fast zusammengewachsen ist der Stadtteil Niederleuken, dessen historischen Kern man rechts oben im Bild erkennen kann.

Eine moderne Brücke verbindet Saarburg mit dem Stadtteil Beurig auf der anderen Seite der Saar. Das Bild zeigt, wie die Stadt entlang des gewundenen Laufes der Saar eingebettet ist in malerische Bergformationen mit großen Weinbergsflächen an den steilen Hängen.

Freudenburg

Das Dorf Freudenburg, unmittelbar an der Grenze zum Saarland gelegen, verdankt sein einmaliges Ortsbild besonderen geologischen Formationen. Ein lang gestreckter Bergsporn aus Buntsandstein mit steil abfallenden Hängen bildet gleichsam eine natürliche Festung, die der Mensch nur auszubauen brauchte. Die geschichtlichen Wurzeln der Siedlung, eines Hofes mit dem Namen Osima, reichen in das 11. Jh. zurück. Freudenburg war trierisches Lehen und geriet immer wieder in die Auseinandersetzungen mit Luxemburg. Die eigentliche Gründung des heutigen Ortes fällt in die Zeit des Baubeginns der Burg durch Johann von Böhmen, Graf von Luxemburg, ab 1330. Die Freudenburg sollte Kontrolle und Schutz der Straße Metz – Trier gewährleisten. Als gemeinsame Herrschaft von Trier und Luxemburg waren die Grafen von Sierck und später die Sayner Grafen mit Freudenburg belehnt. 1589 kam der Ort an die Abtei St. Maximin in Trier bis zum Ende des Kurstaates.

Freudenburg

Auf der Spitze des steil ins Tal der Leuk abfallenden Bergsporns sitzt die imposante Ruine der Burg. Ein künstlich angelegter Halsgraben von 16 m Breite trennt die Burg vom Burgdorf. Bereits im 15. Jh. verfiel die Anlage. Nachdem sie Ende des 16. Jhs. wiederhergestellt worden war, wurde sie im Streit zwischen Abtei St. Maximin und Kurfürst Philipp Christoph von Sötern 1646 besetzt und zerstört. Seither ist sie Ruine, heute im Besitz der Gemeinde. In drei Geschossen erhebt sich die Burg mit ihren Außenmauern über regelmäßigem, dreieckigem Grundriss. Die sorgfältig aus Sandsteinmauerwerk gefügten und nahezu in voller Höhe erhaltenen Mauern vermitteln das Bild einer stattlichen und zugleich architektonisch anspruchsvollen Territorialburg. Balkenlöcher, Kaminzüge, Treppenpodeste, Brunnenschacht und andere Details vermitteln noch einen Eindruck der ursprünglichen Raumaufteilung und Ausstattung.
Über den breiten Graben führte eine Holzbrücke. Hier schließt sich der Friedhof des Dorfes mit der katholischen Dreifaltigkeitskirche an, die ältere Teile enthält, im Wesentlichen aber aus dem 19. Jh. stammt. Der neugotische Bau mit Turm und markantem Chor prägt das Ortsbild mit. An einem kleinen Platz hinter der Kirche steht das ehemalige Maximiner Amtshaus, ein lang gestreckter Bau des späten 16. Jhs. Von hier führen zwei parallele Straßen in nordöstliche Richtung und treffen dort auf die Fernstraße Metz – Trier, die quer zur Freudenburg verläuft. Der Ortskern war vollständig ummauert. Beachtliche Rest haben sich erhalten, so die beiden Tore zur Fernstraße hin. Die Bebauung besteht aus dicht gedrängten Steinhäusern und hat ihre Geschlossenheit bewahrt.
Bereits im 18. Jh. legte man eine Häuserzeile quer vor dem Kern mit seinen beiden Toren an. Hier entwickelte sich um einen kleinen Marktplatz der Ort weiter, vor allem seit dem 19. Jh. Freudenburg zeigt deutlich die Anlage eines Dorfes in enger Abhängigkeit bzw. Zugehörigkeit zur Burg in landschaftlich reizvoller Situation.

HUNSRÜCK / NAHE

Hunsrück / Nahe

'Mosel, Nahe, Saar und Rhein schließen rings den Hunsrück ein'. So beschreibt ein alter Merkreim die Abgrenzung dieser Landschaft, des südlichen Teils des Rheinischen Schiefergebirges, in dem mit dem Erbeskopf (818 m) der höchste Gipfel des Rheinlands, also auch des Bundeslandes Rheinland-Pfalz, liegt. Das Relief aus Bergen, Tälern und ebenen Flächen bildete sich vor 350 Millionen Jahren, als die Wellen des Devonmeeres an dessen Strand aufliefen und zurück fluteten, wobei der Sand abgetrieben wurde. In Folge günstiger geologischer Umstände geben viele Fosilienfunde, beispielsweise im Schiefer bei Bundenbach, genaue Kenntnis von der Tier- und Pflanzenwelt des Devon.
Zum Schiefer in seinen unterschiedlichen Varietäten kamen vulkanische Aktivitäten mit ihren Folgeerscheinungen. In Verbindung mit Metallen entstanden so die für das Nahegebiet charakteristischen Achate, Grundlage für die Edelsteinverarbeitung im Raum Idar-Oberstein. Jüngere Erdzeitalter wie Karbon und Tertiär schufen die Grundlagen für die heutige Vegetation in Verbindung mit Hebungen und Verschiebungen des Schiefergebirges. Schließlich formten die Fluss- und Bachläufe das Bild der Landschaft. Dicht bewaldet sind die Quarzitkämme über dem Schiefer. Landwirtschaftlich nutzbar sind sanfte Hänge, Hochebenen und Mulden. Siedlungen liegen häufig geschützt in Tälern. Das Naheland ist eine typische Übergangslandschaft zwischen Hunsrück und der Rheinhessischen Ebene. Hier vereinigen und vermischen sich Elemente beider Regionen.

Hubertusschluchtbrücke

Verhältnismäßig spät erfolgte die verkehrstechnische Erschließung des Hunsrückgebirges durch Straße und Bahn. Ein Beispiel für die besonderen Schwierigkeiten ist die Anlage der Strecke Boppard – Buchholz und weiter über Halsenbach – Emmelshausen nach Pfalzfeld, mit der 1906 begonnen wurde. Allein beim ersten Teilstück von nur 6 km zwischen Boppard und Buchholz mussten 326 m Höhe überwunden werden, weshalb man diese Strecke als Zahnradbahn konzipierte. Gebaut wurden fünf Tunnels und zwei hohe Viaduktbrücken, die Rauschenlochbrücke und die höhere Brücke über die Hubertusschlucht. Vom Beschluss des Kreistages St. Goar 1897 dauerte es noch gut 10 Jahre, bis die Strecke 1908 in Betrieb genommen werden konnte. Die Gesamtkosten für eine der aus heutiger Sicht schönsten Eisenbahnstrecken Deutschlands, betrugen sieben Millionen Reichsmark. Als die Schließung der Strecke 1988 drohte, gelang es in Verbindung mit der Ausweisung als technisches Kulturdenkmal, den Betrieb der Hunsrückbahn für touristische Zwecke aufrechtzuerhalten.
Herausragendes Element dieser kurzen Strecke ist die Hubertusschluchtbrücke. In sechs weiten Bögen, die an römische Aquädukte erinnern, überspannt sie auf einer Länge von 150 m den bis zu 50 m tiefen Taleinschnitt. Errichtet wurde das monumentale Bauwerk, damals eine der höchsten Steinbrücken in Deutschland, aus bossierten Rotsandsteinquadern vom Neckar. Die Gestaltung der Arkaden erfolgt durch geböschte, d.h. sich verjüngende Pfeiler, Konsolfriese und betonte Brüstungsteile. Der kräftig rote Sandstein kontrastiert eindrucksvoll mit dem Grün der Hunsrückwälder.

Womrath

Wenige Kilometer südöstlich von Kirchberg auf der Hochfläche des Hunsrücks gelegen bietet Womrath bis heute – trotz aller Veränderungen – noch das Bild eines charakteristischen Dorfes dieser Landschaft inmitten von Feldern und Waldflächen. Eine erste urkundliche Erwähnung in Verbindung mit der Einrichtung einer Kapelle datiert in das Jahr 1317. Womrath gehörte zum Sponheimischen Amt Kirchberg und zum Probsteigebiet des Klosters Ravengiersburg.
Womrath ist ein Haufendorf, das heißt die Häuser und Gehöfte sind nicht in Fluchten entlang der Straßen oder nach anderen strengen Vorgaben orientiert,

Hubertusschlucht-brücke

Womrath bei Kirchberg

sondern scheinen wahllos zueinander gruppiert. Der Struktur des Dorfes liegt ein Wegesystem zugrunde, das auf die kleine Kirche und den ehemaligen Kirchhof ausgerichtet ist. Von hier laufen Straßen und Wege sternförmig in verschiedene Richtungen.

Die Kirche, ein kleiner Saalbau mit dreiseitigem Chorabschluss entstand 1774. Der Bau trägt ein steiles Schieferdach und über dem Giebel der Eingangsseite im Westen einen turmartigen Dachreiter. Vier einfache Pilaster gliedern die Westfassade. Im Giebel befindet sich ein Zierfeld mit dem Baudatum 1774 und dem Chistusmonogramm. Bescheiden wie der Kirchenbau ist auch die Ausstattung. Erhalten ist der ursprüngliche Steinfußboden. Den Westteil nimmt eine Holzempore ein. Gestühl, Kanzel, Kommunionbank, Presbyterstühle stammen aus der Bauzeit der heute evangelischen Kirche. Sie diente beiden Konfessionen bis zum Jahre 1912, als beim Friedhof, der westlich vom Dorf angelegt wurde, eine katholische Kapelle gebaut wurde. In dem einfachen Jugendstilbau befindet sich der barocke Hochaltar aus der alten Kirche.

Nur wenige Häuser des Dorfkerns stammen noch aus dem späten 18. Jh.; die meisten – von den Neubauten abgesehen – entstanden im 19. Jh. Über gemauerten Erdgeschossen bestehen die Bauten vielfach aus verputztem und verschiefertem Fachwerk. Einige besitzen behäbige Mansarddächer und Erker. Die älteren Scheunen sind in konstruktivem, aber sichtbarem Fachwerk errichtet. Verbindende Elemente im Dorfbild sind weiße Wandflächen und Schieferdächer.

Allerdings gab es noch um 1900 in Womrath mit Stroh gedeckte Häuser. Ein kleines Neubaugebiet entlang einer Straße unterhalb des Ortskerns folgt nicht mehr der alten Dorfstruktur, sondern anderen Kriterien. Die Dachdeckung in Schiefer oder ähnlichem Material passt sich dem alten Ortsbild an.
Westlich, außerhalb des Dorfes (links), liegt der Friedhof mit der katholischen Kapelle. Zum Dorf gehören zwei Mühlen, die ehemalige Mühle im Ortsteil Wallenbrück, datiert 1793, und die 2 km östlich von Womrath im Simmerbachtal gelegene Langenauer Mühle (1758).
Womrath vermittelt mit seinem Ortsbild noch die Erwerbsstruktur des 18./19. Jhs., wenngleich die Landwirtschaft heute keine entscheidende Rolle mehr spielt. Die Erwerbstätigen gehen als Pendler ihrer Arbeit in anderen Orten, wie Kirchberg und Simmern nach.

Flughafen Frankfurt-Hahn

Der kleine Hunsrückort Hahn erlangte in den vergangenen Jahren einen ungeheuren Bekanntheitsgrad nicht etwa wegen seiner gotischen Simultankirche, sondern im Zusammenhang mit der Anlage bzw. Entwicklung des Flughafens Frankfurt-Hahn. Auf einer Hochfläche des Hunsrück-Hauptkamms oberhalb der zur Mosel hin abfallenden Hänge liegt einer der größten Zivilflughäfen Deutschlands. An seiner Nordwestseite führt die Bundesstraße 327 von Koblenz nach Hermeskeil entlang, auf die unterhalb der Anlage die

Flughafen Frankfurt-Hahn

B50 aus Richtung Rheinböllen mündet. Beide werden einige Kilometer östlich von der Bundesstraße 421 gekreuzt. Die nächstgelegenen größeren Orte sind Morbach, Bernkastel–Kues und Traben–Trarbach sowie die Kreisstadt Simmern.
Mit dem Bau eines Militärflughafens im Hunsrück begann die französische Besatzungsmacht bereits 1951. Die Anlage wurde später von der amerikanischen Luftwaffe übernommen und weiter ausgebaut. Aus dieser Zeit stammt der Name 'Hahn'. Flughäfen werden im Allgemeinen nach dem Ort benannt, auf dessen Gemarkung sie liegen. Der Flughafen 'Hahn' müsste demnach den Namen 'Lautzenhausen' tragen. Zwei Erklärungen gibt es: Zum einen sei dieser Name für Amerikaner kaum auszusprechen gewesen, weshalb man 'Hahn' wählte; zum anderen sollte der Flugplatz zunächst näher bei Hahn gebaut werden. Man habe dann trotz Planänderungen den Namen 'Hahn' beibehalten.
Als in den 1990er Jahren ein Flughafen zur Entlastung des Rhein-Main-Flughafens Frankfurt geplant wurde, ergab sich – auch aufgrund gewandelter militärischer Konzeptionen – die Möglichkeit, dieses Vorhaben hier im Hunsrück zu realisieren. 1993 übertrugen die US-Streitkräfte die Hahn Airbase der zivilen Verwaltung. 'Hahn' oder wie er inzwischen heißt 'Frankfurt-Hahn' entwickelte sich in der Zwischenzeit zum viertgrößten Frachtflughafen Deutschlands hinter Frankfurt, Köln/Bonn und München. Im Personenverkehr liegt Frankfurt-Hahn auf Platz 11 in Deutschland. Hier starten vor allem Billigfluggesellschaften. Für die große irische Gesellschaft Ryanair bildet Hahn zusammen mit London – Stansted das europäische Luftfahrt-Drehkreuz. Der erste zivile Charterflug von Hahn führte im Übrigen am 22. Mai 1993 nach Mallorca. 2006 starteten und landeten hier über 3.700.000 Passagiere.
Heute wird die Anlage betrieben durch die Flughafen-Frankfurt GmbH. Frankfurt ist von Hahn 120 km entfernt und verkehrstechnisch über Autobahn und Hunsrückhöhenstraße angebunden. Zurzeit werden Konzepte für eine Eisenbahnverbindung zwischen beiden Standorten entwickelt. Man denkt dabei unter anderem an die Reaktivierung der Hunsrückbahn von Bingen nach Morbach.
Der Flughafen Frankfurt-Hahn ist einer der wichtigsten Arbeitgeber in der strukturschwachen Hunsrückregion geworden. Die im Bau befindlichen bzw. mittelfristig geplanten Erweiterungen führen natürlich auch zu Konflikten mit Umweltbelangen etwa durch Rodung von Wald und den damit verbundenen Folgen. Das Luftbild zeigt die Lage auf der Hunsrückhochfläche und die riesige Dimension – 560 Hektar – des Flughafens Frankfurt- Hahn mit seiner zur Zeit 3800 m langen Start- und Landebahn.

Burgruine Baldenau bei Morbach

Einsam im sumpfigen Dhrontal gelegen ist Baldenau eine der ganz seltenen Wasserburgen des Hunsrückgebietes. 1324 wurde sie vom Trierer Kurfürsten an strategisch günstiger Stelle zwischen Idar-Oberstein und Bernkastel erbaut und konnte so die Grenze zum Gebiet der Wild- und Rheingrafen sichern. Ein kurtrierischer Amtmann nahm seinen Sitz und verwaltete von hier aus das umliegende Gebiet. Strategisch verlor die Burg schon bald ihre Bedeutung. Der Plan, dort eine Stadt zu gründen wurde trotz der Verleihung der Stadtrechte im 14. Jh. nie verwirklicht. Aus Inventaren des 16. Jhs. geht hervor, dass eine komfortable Wohnburg entstanden war mit großem Saal, Stuben, Fleischhaus, Brauhaus, Backhaus, zahlreichen Gesindestuben, Speichern und Pferdestall. 1689 zerstörten die Franzosen die Burg. Seither ist sie Ruine.
Wie ein steinernes Schiff liegt die Burg innerhalb der Wassergräben. Der fast dreieckige Grundriss folgt der Form des Felsplateaus, auf dem sie errichtet wurde. Über eine Brücke erreicht man den an der südöstlichen Langseite gelegenen Torbau. An das Portal schloss sich nach Nordosten hinter der deutlich verstärkten Mauer ein viergeschossiger Palasbau an, von dem noch Reste erkennbar sind. Ein kleiner, runder Treppenturm auf der gegenüber liegenden Seite erschloss diesen Komplex. Die Spitze nach Westen bildet der runde Bergfried, der noch bis in stattliche Höhe erhalten ist.
Bauherr war Balduin von Luxemburg, seit 1308 Erzbischof von Trier, einer der bedeutendsten Kirchenfürsten des Kurfürstentums Trier. Als Bruder Kaiser Heinrichs VII. hatte er reichspolitischen Einfluss, den er auch nutzte. Für seine Unterstützung erhielt er Zollstätten am Rhein wie z.B. Oberwesel. Unter seiner Herrschaft wurde das Territorium des Kurstaates fast verdoppelt. Er schuf eine Verwaltungsstruktur, die bis zum Ende des Kurstaates 1801 kaum noch verändert wurde. Balduin sicherte das Trierer Territorium durch zahlreiche Burgenbauten. Er lag in ständigem Kampf mit den Grafen- und Rittergeschlechtern des Hunsrückgebietes, deren Einfluss er einzudämmen suchte. Selbstbewusst gab er diesen Trutzburgen immer wieder seinen Namen. So errichtete er gegenüber von Burg Eltz die Balduineltz, die Baldenruise (Rauschenburg) richtete sich gegen die Burgen Schöneck und Wal-

deck. Balduinseck sicherte die Grenze zur Grafschaft Sponheim und Balduinstein an der Lahn wurde als Trutzburg gegen die Schaumburg errichtet. Aber auch auf andere Weise erwarb Balduin weiteren Besitz. So zog er die Schmidtburg als erledigtes Lehen ein und behielt in einer erbitterten Fehde gegen die Familie der Wildgrafen als Erben die Oberhand. Die solcherart erworbenen Burgen wurden mit kurtrierischen Amtmännern besetzt, die das zugehörige Gebiet verwalteten und im Notfall auch verteidigen konnten.

Der baufreudige Erzbischof führte auch eine neue Bauform ein: den Wohnturm. Dieser verband die Wehrhaftigkeit eines Bergfrieds mit den Annehmlichkeiten bequemeren Wohnens. Vorbilder dafür hatte Balduin in Frankreich kennengelernt, wo er studiert hatte.
Zur Baldenau gehörte der sog. „Stumpfe Turm" auf einer Anhöhe oberhalb an der alten Römerstraße (heute Hunsrückhöhenstraße). Der etwa gleichzeitig entstandene runde Turm diente als Wartturm für die im Tal gelegene Burg.

Burgruine Baldenau bei Morbach

Bad Kreuznach

Zwischen Hunsrück und Rheinhessen beiderseits der Nahe gelegen war dieser Raum schon in alten Zeiten strategisch wie wirtschaftlich interessant. Hier verliefen Straßen nach Bingen, Mainz, Trier, Worms und Metz. Nördlich der Altstadt von Bad Kreuznach auf der rechten Naheseite wurde im späten 4. Jh. ein römisches Kastell angelegt, das in einem fränkischen Königshof aufging. Als Würzburger Lehen kam der Ort rechts der Nahe an die Grafen von Veldenz und später an die Rheingrafen, das linke Naheufer 1105 als Speyerer Lehen an die Grafen von Sponheim, die hier die Kauzenburg bauten. Die Siedlung unterhalb der Burg entwickelte sich zur sogenannten Neustadt über ovalem Grundriss mit unregelmäßigem Straßennetz, während die etwa quadratische Altstadt auf der anderen Naheseite eine planmäßige Struktur aufwies.

1223 wurde Kreuznach Hauptort der Vorderen Grafschaft Sponheim. Rudolf von Habsburg verlieh 1290 die Stadtrechte. Wenige Zeit später wurden beide Stadtteile durch eine Brücke verbunden. 1689 wurde die Stadt durch die Franzosen zerstört. Anfang des 19. Jhs. begann ein neuer Aufschwung als Heilbad und Kurort, verbunden mit großer Bautätigkeit. Nach dem Bau der Eisenbahn 1860 siedelten sich Industriebetriebe an, vor allem aus dem Leder- und Optikbereich. Eine wichtige Rolle spielten auch Weinbau und Weinhandel. Heute ist Bad Kreuznach Kreisstadt des gleichnamigen Landkreises.

Das Luftbild, welches die Kernstadt zeigt, lässt nahezu alle wesentlichen Entwicklungen erkennen. In der Mitte ist die berühmte alte, bis ins 14. Jh. zurückreichende Nahebrücke mit den Brückenhäusern zu sehen, das Wahrzeichen der Stadt Bad Kreuznach. Links oberhalb schließt sich ein Bergrücken mit der Kauzenburg an, die nach ihrer Gründung 1105 durch die Grafen von Sponheim nochmals im 14./15. Jh. ausgebaut und 1689 gesprengt worden war. Nach Plänen von Gottfried Böhm erfolgte 1971 über den Ruinen ein moderner Ausbau zu gastronomischen Zwecken, wobei die originalen Reste überformt wurden. Oberhalb sieht man den Schlossberg mit seiner ausgedehnten Parkanlage, die Ende des 19. Jhs. angelegt wurde, als der Inhaber der Rheinböller Hütte, Carl Puricelli, das ehemalige Dessau-Schloss für seinen Sohn erworben hatte. Über der Nahebrücke liegt die Neustadt mit ihrem mittelalterlichen Gefüge. Gut zu erkennen ist der Eiermarkt mit der katholischen Nikolauskirche, ein Bau der Zeit um 1300, der um 1900 in purifizierender Weise restauriert wurde. Damals beseitigte man auch die barocke Ausstattung. Südlich begrenzt der Ellerbach, der hier in die Nahe mündet, die Neustadt. Oben ist jenseits der Hochstraße das Casinogebäude von 1834 mit der „Schanz", einem Teil der Stadtbefestigung, zu sehen, der 1553 angelegt wurde.

Während die Neustadt den Zweiten Weltkrieg ohne größere Schäden überstand und so ihre historische Substanz und Struktur recht gut bewahren konnte, wurde die Altstadt auf der rechten Naheseite schwer getroffen. Platzflächen und Straßenführungen sind erhalten, die alte Bausubstanz jedoch weitgehend vernichtet. In Verlängerung der Wilhelmstraße, welche den nördlichen Teil der Altstadt bildet, führt eine 1904–06 nach Plänen von Hermann Billing errichtete und nach Kriegsschäden wieder hergestellte Brücke über die Nahe. Große Neubauten prägen heute dieses Gebiet.

Westlich, im Bild links, der alten Brücke, liegt, von zwei Nahearmen umschlossen, die langgestreckte Insel "Badewörth" mit der 1332 geweihten und später immer wieder veränderten Pauluskirche. Westlich der Kirche schließt sich den ganzen Badewörth und auch die rechte Naheseite einnehmend das Kurviertel an.

Erbeskopf

In der Gemeinde Hilscheid, Verbandsgemeinde Thalfang, zwischen Hermeskeil und Morbach im Hochwald, dem südwestlichen Teil des Hunsrücks, liegt der Erbeskopf mit 818 m Höhe. Er ist der höchste Berg nicht nur im Hunsrück und in Rheinland-Pfalz, sondern die höchste linksrheinische Erhebung in ganz Deutschland. Erst bei einer genauen Vermessung der ehemaligen Rheinprovinz im Jahre 1873 wurde die exakte Höhe ermittelt, da der Erbeskopf inmitten der Hunsrückberge nicht ohne weiteres auszumachen war.

Geologisch ist das Gebiet um den Erbeskopf außerordentlich interessant. Vor etwa 350 Millionen Jahren befand sich hier ein Meer, in dem sich über einen sehr langen Zeitraum 5–6000 m Sedimentgestein ablagerte. Dies war nur möglich, da sich gleichzeitig ein Teil der Erdkruste absenkte. Aus den Meeresablagerungen entstanden Tonschiefer, Sandstein und Quarzite, ein Prozess, der rund 300 Millionen Jahre zurückliegt. Hebungen, Senkungen und Faltungen des Gebirges folgten. Seine endgültige Gestalt erhielt der Hunsrück

vor rund einer Million Jahren, als das Rheinische Schiefergebirge wieder anstieg. Wichtige Informationen zur Entwicklung liefern reichhaltige Fossilienfunde der verschiedenen Gesteinsschichten.
Die Böden, die sich aus Quarzit und Schiefer entwickelt haben, sind kalk- und nährstoffarm, was eine geringere Artenzahl zur Folge hat. Hinzu kommt ein feuchtes und kühles Klima. Aufgrund dieser Faktoren gibt es hier am Erbeskopf eine Reihe seltener und schönblühender Pflanzen. Zu nennen sind beispielsweise Bergorchideen und Narzissen, Wiesentäler mit Wollgras und Moore mit seltenen Gräsern und Moosen.
1892 errichteten Pioniersoldaten während eines Manövers einen hölzernen Aussichtsturm auf dem Erbeskopf. Der Verein für Mosel, Hochwald und Hunsrück – heute: Hunsrückverein – beschloss den Bau eines steinernen Kaiser-Wilhelm-Turmes, der 1894 eingeweiht wurde. 111 Stufen führten zur Aussichtsplattform in 24 m Höhe. 1933 baute man eine Klimamessstation ein. Kurz vor Beginn des Zweiten Weltkrieges wurde der Turm im August 1939 für zivile Besucher gesperrt und erhöht. Er diente fortan als Funksendezentrale.

Am 17. März 1945 besetzten amerikanische Soldaten den Erbeskopf. Dieser wurde nach wie vor militärisch genutzt, jetzt für die Kontrolle des militärischen Flugverkehrs im Gebiet der Sowjetunion. Außerdem entstanden drei Radartürme und der Bunker „Erwin" mit dem Hauptquartier Europa Mitte, als Gefechtsstelle im „Kalten Krieg". Diese Entwicklung wurde dem Kaiser-Wilhelm-Turm zum Verhängnis. Weil er den Radarverkehr behinderte, sprengten ihn die Amerikaner am 18. August 1961, bezeichnenderweise wenige Tage nach dem Bau der Berliner Mauer. Als Ersatz errichtete man zehn Jahre später einen 12 m hohen hölzernen Aussichtsturm außerhalb des militärischen Sperrgebiets. 1995 übernahm die Bundeswehr im Rahmen der Nato die amerikanischen Radaranlagen. Heute ist der Gipfel des Erbeskopf weitgehend wieder frei zugänglich.
Am Erbeskopf befindet sich eines der wenigen Wintersportgebiete in Rheinland Pfalz, ausgestattet mit drei Skiliften. Nach wie vor spielt der Berg als Wetterstation eine wichtige Rolle.

Erbeskopf

Idar-Oberstein

Am Südrand des Hunsrücks liegt die Doppelstadt Idar-Oberstein. Während Idar sich in einem weiten flachen Talkessel des Idarbaches ausbreitet, ist Oberstein durch die steilen felsigen Hänge im Nahetal in seiner Siedlungsfläche sehr eingeengt, sodass in neuerer Zeit auf die umliegenden Hochflächen ausgewichen werden musste. Auf dem Bild ist der Kernbereich des Stadtteils Oberstein vor der malerischen Kulisse der Felsenkirche zu sehen, darüber die Ruinen des Alten Schlosses und – hoch am Berghang – des Neuen Schlosses.
Die Burg Stein, Bosselstein oder später Altes Schloss genannt war Keimzelle des Ortes und Mittelpunkt einer kleinen Herrschaft. Die Herren vom Stein oder auch Bosselstein wurden im 12. Jh. zum ersten Mal erwähnt und bauten auf dem Bergsporn ihre Burg. Die einfache Burganlage war durch steile Felswände an drei Seiten geschützt. Der runde Bergfried und Reste der sonstigen Bauten zeugen von einer kleinen, wenig wohnlichen Burg. Sie wurde schon im 15. Jh. aufgegeben und in den folgenden Jahrhunderten dem Verfall preisgegeben.
Nach der Spaltung der Familie entstand im 14. Jh. eine zweite Burg auf einem höher gelegenen Felsmassiv, Burg Oberstein oder das Neue Schloss; die Burgherren nannten sich Daun-Oberstein. Die im 14. Jh. entstandene Anlage bestand aus einem mächtigen, von drei Rundtürmen geschützten Bering und einer offensichtlich sehr aufwändigen Wohnbebauung. 1855 zerstörte ein Brand die Burg, von deren einstiger Größe noch eindrucksvolle Ruinen zeugen.
Das Wahrzeichen von Oberstein ist die Felsenkirche unterhalb des Alten Schlosses, die in die nischenartige Höhlung eines Felsens eingebaut wurde. Der Sage nach soll sie als Sühne für einen Brudermord in der Familie der Herren von Oberstein errichtet worden sein. Wahrscheinlich hat diese Sage einen wahren Kern, denn im 14. Jh. ist ein Mord innerhalb der Familien Bosselstein und Daun-Oberstein auf Grund von Erbstreitigkeiten überliefert. Die heutige Kirche ist ein Bau der Zeit 1482/84, der wohl einen Vorgängerbau miteinbezieht. Er ist in schlichten gotischen Formen, der Enge des Bauplatzes angepasst, errichtet. Zwei große, spitzbogige Fenster belichten den Raum. Die ungewöhnliche Lage führte immer wieder zu Schäden durch Steinschlag und durch Feuchtigkeit, sodass 1925/27 eine durchgreifende Renovierung stattfinden musste, die heute noch das Bild bestimmt.
Berühmt ist Idar-Oberstein als Edelstein- und Schmuckstadt. Schon im 16. Jh. entstanden Achatschleifmühlen, die die reichen Achatvorkommen der umliegenden Berge nutzten. So gehörte der Steinkaulenberg zu den Hauptlagerstätten in Deutschland. Aber auch Amethyst- und Kalzitdrusen wurden in reichem Maße gefunden. Im 19. Jh. erschöpften sich die Fundstellen, sodass man von da an aus den neu entdeckten Achatlagern in Brasilien und Uruguay Rohsteine einführte. Auch die Ansiedlung von Goldschmieden brachte neue Erwerbszweige. Am Ende des 19. Jhs. erfuhren Idar und Oberstein einen einzigartigen Aufschwung nicht zuletzt durch die Einführung neuer Techniken wie Diamantschleifen und Perlenschneiden, sodass die beiden Orte bis zum Ersten Weltkrieg eine Monopolstellung im Schmuck- und Edelsteinhandel einnahmen.
Im Stadtbild macht sich dies bis heute bemerkbar, denn es entstanden damals aufwändige Wohn- und Geschäftshäuser, welche die beiden seit 1933 vereinigten Stadtteile prägen. Eine schwerwiegende Veränderung des Stadtbildes von Oberstein brachte die 1986 eröffnete Überbauung der Nahe. Um die Überlastung der sehr engen Ortsdurchfahrt zu beheben, überdeckte man den Fluss auf zwei Kilometer Länge mit einer vierspurigen Fahrbahnplatte. Das Stadtbild, jahrhundertelang durch die Nahe geprägt und im Verbund mit Felsenkirche und den Burgruinen zu einer einmaligen Situation gewachsen, wurde so auf das Empfindlichste gestört.

Bad Münster am Stein-Ebernburg

In einzigartiger Felskulisse präsentieren sich die seit 1969 zusammengelegten, früher selbständigen Orte Bad Münster am Stein und Ebernburg. Sie sind heute Mittelpunkt und Verwaltungssitz der Verbandsgemeinde gleichen Namens. Bad Münster am Stein liegt zu Füßen des Rheingrafensteins, Ebernburg mit seinem Umfeld wird nach Norden in einem großen Bogen vom Rotenfels umfangen (im Bild links). Entstanden sind diese geologisch interessanten Formen im Tertiär, als sich der Oberrheingraben absetzte und das Kreuznacher Massiv in dessen Einflussbereich geriet. Das Meer umspülte die rötlichen Rhyolithfelsen, welche vulkanischen Ursprungs sind. Später zerschnitt die Nahe das Massiv und bildete den steilen Prallhang Rotenfels

und den sehr flachen Gleithang auf der anderen Seite des Flusses. Mit 214 m über der Nahe und 317 m über dem Meeresspiegel ist der Rotenfels die steilste freistehende und höchste Felswand nördlich der Alpen, die wegen ihrer seltenen Flora und Fauna als hochwertiges Naturschutzgebiet ausgewiesen wurde.

Über den Rheingrafenstein, dessen steiler Fels Ergebnis einer ähnlichen Entwicklung ist, geht der Blick in östliche Richtung in die Weite Rheinhessens. Die unmittelbar anschließende Region zwischen Bad Münster und Alzey wird wegen ihres bemerkenswerten geologischen Reliefs auch „Rheinhessische Schweiz“ genannt.

Bad Münster am Stein – in der Bildmitte links – war im Mittelalter Mainzer Lehen der Herren vom Stein, nach 1400 bis zur französischen Revolution Teil der Wild- und Rheingrafschaft. Der Sage zufolge konnte die Burg Rheingrafenstein, Stammsitz der Herren vom Stein, auf dem hohen, steilen Felsen nur mit Hilfe des Teufels erbaut werden. Auf dem hinteren der beiden Felsen über Bad Münster gelegen, wurde die Burg 1688 im pfälzischen Erbfolgekrieg gesprengt und später als Steinbruch für den Salinenbau benutzt. Die Anlage ist aufgrund der wenigen Baureste nur noch in ihren Grundzügen zu erkennen.

Die bereits 1478 urkundlich erwähnten salzhaltigen, warmen Quellen waren Grundlage für die Entwicklung des einstigen Fischerdorfes Münster zum Kurort, der sich seit 1905 „Bad“ nennen darf. Nach Rückschlägen durch den Zweiten Weltkrieg versuchte Bad Münster als Radon – Heilbad an alte Kurtraditionen anzuknüpfen, was sich in der städtebaulichen Entwicklung nicht sehr positiv niedergeschlagen hat.

Im Winkel von Nahe und Alsenz, die hier, unterhalb des Rheingrafensteins, in die Nahe mündet, liegt der Ort Ebernburg. Auf einem Längsrücken östlich der Siedlung steht die namengebende Burg, ein für die Reformation in Deutschland wichtiger Ort. Unter Franz von Sickingen, der hier 1481 geboren wurde, erfolgte ein Ausbau der Anlage. Sie wurde bekannt als „Herberge der Gerechtigkeit“, weil hier Anhänger der Reformation, unter ihnen Ulrich von Hutten, Martin Bucer und andere Zuflucht fanden. 1523 wurde die Ebernburg von den gegen Franz von Sickingen verbündeten Fürsten erobert und in Brand gesteckt. Sein Sohn baute die Burg wieder auf. 1697, nach dem Frieden von Rijswijk wurde sie geschleift. In den weitgehend frei rekonstruierten Bauten ist heute eine evangelische Bildungsstätte untergebracht. In einigem Abstand liegt der alte Ortskern mit zwei Kirchen und einem recht dichten historischen Ortsbild. In Richtung Westen entstanden große Neubaugebiete im Bereich des Gleithangs gegenüber dem Rotenfels.

Meisenheim am Glan

In einer Talsenke, durch die Biegung des Glan bedingt, breitet sich das malerische Städtchen Meisenheim aus. Trotz vieler kriegerischer Ereignisse hat es bis heute sein in Jahrhunderten entstandenes Ortsbild bewahrt. Als einzige kurpfälzische Stadt blieb Meisenheim im pfälzischen Erbfolgekrieg 1689 vor Brandschatzung bewahrt, da die mutige Pfalzgräfin Charlotte Friederike den französischen General Bouffleur dazu bewegen konnte, den Ort zu verschonen.

Vermutlich reicht die Gründung zurück in die Merowingerzeit, allerdings stammt die früheste urkundliche Erwähnung erst aus dem 12. Jh. Eine Wasserburg der Grafen von Veldenz war wohl die Keimzelle der Stadt. Im 15. Jh. gelangte Meisenheim an das Herzogtum Pfalz-Zweibrücken und verblieb dort bis zur Französischen Revolution. Noch heute bestimmen Bauten aus dieser Zeit, als die Stadt zeitweilig Residenz war, das Ortsbild.

Der Glan bildet bis heute eine natürliche Grenze des Stadtgebiets, dessen ursprünglich fünfeckiger Grundriss noch erkennbar ist. Von der mittelalterlichen Stadtmauer sind noch Teile erhalten, ebenso verschiedene Türme der Stadtbefestigung, die aber heute in das Stadtgefüge eingebunden sind.

Dominiert wird die Stadtsilhouette von der erhöht gelegenen evangelischen Schlosskirche am nördlichen Rand der Stadt in unmittelbarer Nähe zum Schloss.

Die während der Beschießung Meisenheims 1461 beschädigte Vorgängerkirche wurde durch einen gotischen Neubau ersetzt, dessen Baubeginn 1479 gesichert ist. In nur kurzer Bauzeit (Einweihung 1503) entstand unter dem Frankfurter Baumeister Philipp von Gmünd ein einheitlicher Baukörper in einheimischem gelben Sandstein. Das Langhaus – eine dreischiffige Halle – wird überdeckt von einem imposanten schiefergedeckten Satteldach. Der elegante polygonale Chor im Osten und der Turm im Westen, der durch einen filigranen steinernen Turmhelm bekrönt wird, machen den besonderen architektonischen Reiz aus.

Die Schlosskirche war ursprünglich als Teil des dicht bebauten Schlossbereichs gedacht, steht heute fast völlig frei. Von der ursprünglichen Schlossanlage blieb nur der sog. „Magdalenenbau“ aus dem 17. Jh. – im 19. Jh. durch einen Bau mit gotisierendem Treppengiebel erweitert – erhalten. Die übrigen älteren Bauten des Schlossberings wurden im 18. und 19. Jh. abgerissen.

Der engere Ortskern wird begrenzt durch zwei Straßen, die vom Schlossplatz aus in südliche Richtung führen. In diesem Bereich liegen das spätgotische Rathaus, die ehemalige lutherische Christianskirche – heute evangelisches Gemeindehaus – des 18. Jhs., sowie zahlreiche Adelshöfe und Bürgerhäuser. Diese vielfältigen, zu verschiedenen Zeiten entstandenen Bauten spiegeln sich auch in den unterschiedlichen Dachformen und -farben wider. Schiefer- und Ziegeldeckungen ergeben eine abwechslungsreiche Dachlandschaft. Am südlichen Rand dieses engen Ortskerns steht die katholische Pfarrkirche (erbaut 1685–88).
Auch die ehemalige Synagoge (1864/66) ebenfalls im Süden liegend, fällt im Stadtbild durch ihre Größe und Farbigkeit – einheimischer gelber Sandstein – auf.

Meisenheim

RHEINHESSEN

Rheinhessen

Der Begriff Rheinhessen definiert seit dem Wiener Kongress eine Region, die „landschaftlich nichts mit dem zu tun hat, was man unter Rheinromantik versteht". So charakterisierte Carl Zuckmayer seine Heimat. Gemeint ist das Land zwischen Bingen und Mainz, Worms, Donnersberg und Nahe, das 1816 als „Provinz Rheinhessen", Teil des ehemaligen Departements Mont Tonnerre an das Großherzogtum Hessen kam. Das waldarme rheinhessische Tal- und Hügelland mit der schmalen rheinhessischen Rheinebene hat Teil an der erdgeschichtlichen Entwicklung der oberrheinischen Tiefebene. Eine mächtige Lößdecke über Kalk und Sandstein in Verbindung mit einem gemäßigten Klima schafft die Voraussetzungen für eine intensive landwirtschaftliche Nutzung, wobei der Weinbau in den vergangenen Jahrzehnten an Bedeutung gewonnen hat. Mit Ausnahme der ehemaligen Kreisstadt Alzey liegen alle größeren städtischen Siedlungen im Bereich der Rheinebene.

Bingen

Noch zum Welterbegebiet „Oberes Mittelrheintal" zählend besetzt die Stadt Bingen an der Nahemündung gelegen, die nordwestliche Ecke von Rheinhessen. Die strategisch und wirtschaftlich interessante Position führte am Ende des 1. Jhs. n. Chr. zur Anlage eines römischen Kastells und dem Bau einer Brücke über die Nahe. Später wurde Bingen fränkisches Königsgut und kam 983 durch Schenkung an den Mainzer Erzbischof Willigis. Seit der ersten Hälfte des 13. Jhs. entwickelte sich ein Mainzer Burgensystem mit der Burg Klopp in Bingen, dem Mäuseturm und Burg Ehrenfels auf der anderen Rheinseite (links im Bild). Ziel war die Sicherung des Mainzer Territoriums und der Zolleinnahmen am Rhein.
Bis in die Zeit um 1900 wuchs die Stadt kaum über die mittelalterliche Stadtbefestigung hinaus, die einen Viertelkreis an Rhein und Nahe umfasste. Am Naheufer liegt die Basilika St. Martin, eine mächtige gotische Hallenkirche des 15. Jhs. mit seitlichem Westturm, unter dem eine salische Vierstützenkrypta erhalten ist. 1502–05 wurde die Kirche um den sogenannten Barbarabau nach Norden erweitert. Tiefgreifende Restaurierungen erfolgten vor allem um 1900.
Während die Stadt im Dreißigjährigen Krieg weitgehend verschont blieb, wurde sie im pfälzischen Erbfolgekrieg zerstört (1689). Erhalten blieben nur wenige Steinbauten. Eine weitere Folge war die Schleifung der Stadtmauern. Erst allmählich erholte sich die Stadt wieder von dieser Katastrophe. 1798 wurde Bingen Sitz eines französischen Kantons im Departement Donnersberg. Die Verbesserung des Straßensystems, der Bau der Eisenbahn und der Ausbau des Binger Lochs begünstigten die Entwicklung der Stadt zu einem Zentrum des Weinhandels. Hinzu kam im 19. Jh. der schnell wachsende Fremdenverkehr.
Burg Klopp, auf einem Hügel mitten im alten Stadtkern zu sehen, eine Burg der Mainzer Erzbischöfe, wurde 1711/12 gesprengt und ab der Mitte des 19. Jhs. als private Villa ausgebaut. Seit 1897 ist die Burg mit ihrer neugotischen Ausstattung Sitz der Stadtverwaltung. In dieser Zeit hatte Bingen den Höhepunkt des wirtschaftlichen Aufschwungs und Ausbaus erreicht. Im Zweiten Weltkrieg wurden durch Luftangriffe 65% der Bausubstanz vernichtet.
Ein an aktuellen Bedürfnissen orientierter Wiederaufbau und die Stadtsanierung ab 1969 führten zu weitern Verlusten historischer Bausubstanz. Gleichzeitig entwickelte sich Bingen weit über die alten Grenzen hinaus. Noch unberührt steht die neugotische Rochuskapelle in der Landschaft. Unterhalb liegt das ehemalige Weingut Villa Sachsen mit seinem Herrenhaus von 1843. Der ausgedehnte Garten, der um 1900 angelegt wurde, zieht sich bis fast zur Rochuskapelle hinauf.
Im Vordergrund des Bildes sieht man Bingerbrück, seit 1969 zu Bingen eingemeindet. Hier befand sich das Kloster der heiligen Hildegard. Die Aufgabe des großen Eisenbahnknotenpunkts schafft Raum für die Ausrichtung der Landesgartenschau 2008. Über die Stadt fällt der Blick nach Rheinhessen.

Bingen

Ingelheim, Kaiserpfalz

Die Stadt Ingelheim entstand 1939 durch die Zusammenlegung von drei selbständigen Gemeinden: Frei-Weinheim, Ober- und Nieder-Ingelheim. Seit 1996 ist Ingelheim Sitz der Kreisverwaltung Mainz–Bingen. Alle Stadtteile haben ihre gemeinsamen Wurzeln in der Zugehörigkeit zum Ingelheimer Grund, der sieben Ortschaften aus Reichsgut umfasste, wobei die von Karl dem Großen gegründete Königspfalz Nieder-Ingelheim den Mittelpunkt bildete. Nieder-Ingelheim, eine fränkische Gründung des 5./6. Jhs., erscheint urkundlich erstmals 742/743. Im Jahre 774 fand der erste Besuch Karls des Großen statt, der hier eine Pfalz baute und von da an mehrfach dort wohnte, Reichsversammlungen und Hoftage abhielt. Auch seine Nachfolger hielten sich gerne in Ingelheim auf. Hier fand 1043 die Hochzeit König Heinrichs III. mit Agnes, der Tochter Wilhelms IV. von Aquitanien statt. Kaiser Friedrich I. traf 1163 hier Hildegard von Bingen. Im 14. Jh. wurde Ingelheim an den Mainzer Erzbischof verpfändet. Mit der Gründung eines Augustinerchorherrenstiftes in der Aula Regia, dem Reichssaal, 1345 durch Kaiser Karl IV. endet die Geschichte der Kaiserpfalz in Nieder-Ingelheim. In dieser Zeit begann die Besiedlung des „Saals" mit bäuerlichen Hofstellen und Häuser.

Aufgrund der Hinweise in Einhards Biographie Karls des Großen, in der die Ingelheimer Pfalz zu den bedeutenden Bauten dieser Zeit gerechnet wird, kam es in den letzten hundert Jahren immer wieder zu Ausgrabungen und Untersuchungen dieses Gebietes, zuletzt seit 1993, zumal die historische Überlieferung immer lebendig geblieben war. Eine konsequente Politik der Stadt Ingelheim führte zum Erwerb von Grundstücken im Saalgebiet, wodurch die Möglichkeit geschaffen

wurde, karolingische und spätere Baureste freizulegen und zu konservieren.
In den Strukturen der späteren Bebauung ist die Kaiserpfalz gut zu erkennen. Den baulichen Mittelpunkt der Gesamtanlage bildet die ev. Saalkirche. Das ganze Gebiet war im 12. Jh. noch einmal befestigt worden. Der Bering, der auch später ausgebaut wurde, umgreift eine etwa hufeisenförmige Fläche.
Die Saalkirche wurde wohl nach der Mitte des 10. Jhs. errichtet, war also nicht Bestandteil der karolingischen Pfalz. Nach der Reformation wurde sie als Getreidespeicher genutzt, die Westteile verfielen. Ab 1706 richtete man den Bau in verkürzter Form wieder her. Erst 1964 wurde die Saalkirche mit ihren ottonischen Ostteilen durch die Rekonstruktion des Langhauses wieder zu ihrer ursprünglichen Dimension ergänzt.
Die Aula Regia, westlich der Saalkirche, konnte in ihren Umfassungsmauern, die bis zu 7m Höhe erhalten sind, freigelegt und konserviert werden (im Bild links). An den Rechteckbau – ca. 40,5 x 16,5 m – ist nach Süden eine Apsis angefügt. Wie Funde und Berichte belegen, war der Raum reich dekoriert.
Zu den herausragenden Bauresten der Kaiserpfalz gehört schließlich der Halbkreisbau östlich der Saalkirche mit einem Durchmesser von rund 89 m. Hier waren radial Wohnhäuser angeordnet. An der Innenseite verlief eine Säulenreihe, während außen Türme angebaut waren. Im Scheitel der Anlage befand sich das Heidesheimer Tor, das durch die staufische Befestigung verbaut wurde. Erhalten sind die seitlichen Pforten.
Das Saalgebiet Nieder-Ingelheim ist ein vielschichtiges Ensemble aus verschiedenen Epochen und Bauabschnitten. Karolingische Bauteile werden überlagert von ottonischen oder staufischen, über denen wieder spätere Häuser und Höfe entstanden. In seltener Dichte wird hier Geschichte seit karolingischer Zeit anschaulich.

Mainz, Kernstadt

Seit römischer Zeit war der Innenstadtbereich von Mainz immer besiedelt. Unterhalb des am Ende des 1. Jhs. v. Chr. angelegten Legionslagers auf dem heutigen Kästrich (Castrum = Lager) war eine zivile Siedlung entstanden. Im 3. Jh. wurde sie von einer festen Mauer umgeben, auf deren Resten die mittelalterliche Stadtmauer aufbaute.
Mittelpunkt war seit dem frühen Mittelalter der Dom. Schon seit dem 4. Jh. sind in Mainz Bischöfe nachgewiesen, die erste Bischofskirche war wohl die Johanniskirche westlich des Domes. Der dem hl. Martin geweihte Dom ist ein über viele Jahrhunderte entstandenes Bauwerk mit einer komplizierten Baugeschichte. Begonnen wurde er unter Erzbischof Willigis im 10. Jh. Die damals festgelegten Grundmaße wurden trotz vieler Veränderungen beibehalten. Mehrere Brände bedingten immer Wiederherstellungen mit dann veränderten Bauformen. So erhielt der Dom nach einem Brand 1767 seinen heute noch im Stadtbild dominierenden Westturm. Um den Dom herum fand seit dem Mittelalter – wie auch heute noch – reges Markt- und Geschäftsleben statt. Bedeutende Bischofspersönlichkeiten wie Erzbischof Willigis nahmen Einfluss auf die Reichspolitik und sicherten Mainz den Vorrang vor den übrigen Erzbistümern des Reiches. Aber auch die Bürgerschaft erstarkte und kämpfte um eigene Rechte. Mit Bauten wie dem Hl. Geist-Spital im 13. Jh. und verschiedenen Pfarrkirchen setzte man ein Zeichen gegen den Erzbischof. So entstand nördlich des Domes im späten 13. Jh. der Neubau der ältesten, schon im 8. Jh. erwähnten Mainzer Pfarrkirche St. Quintin. Mit ihrem hohen Schieferdach und der kräftig roten Farbgebung ist sie ein markanter Punkt in der nach dem Zweiten Weltkrieg weitgehend neu bebauten Umgebung.
Aber schon im 15. Jh. verlor die Stadt nach einer Fehde ihre politische Freiheit und blieb von da an bis zum Ende des Erzbistums 1797 unter der Herrschaft des Erzbischofs. Wirtschaftlich hatte dies einen Aufschwung zur Folge, denn die kurfürstliche Hofhaltung mit zahlreichen wohlhabenden Adelsfamilien und der Geistlichkeit ließen Mainz zu einer blühenden Residenzstadt werden. So konnte die im 15. Jh. gegründete Universität mit ihrer Theologischen und Philosophischen Fakultät das imposante, 1615/18 errichtete viergeschossige Renaissancegebäude in der Nähe der Quintinskirche beziehen. Es war damals das höchste Profangebäude der Stadt.
Einen städtebaulichen Akzent setzt der Theaterbau am Gutenbergplatz, der bereits im frühen 19. Jh. durch die Franzosen angelegt worden war. Das 1829/33 entstandene, damals vorbildhafte querrechteckige Gebäude mit dem sich vorschiebenden halbrunden Zuschauerraum wurde 1910/12 überformt. Nach dem Wiederaufbau in der Nachkriegszeit erfuhr das Theater, mittlerweile Staatstheater, eine vollständige Sanierung im Inneren, im Äußeren sichtbar an der Bekrönung durch einen großen, zeitgenössischen Glaszylinder.
Um neues Bauland zu gewinnen wurde im späten 19. Jh. dem Altstadtgebiet eine Anschüttung in den Rhein vorgelagert. So entstand ein neues Stadtviertel mit Bauten der Gründerzeit. Die Stadt Mainz baute hier

Mainz, Stadtzentrum

1971/73 ihr Rathaus, der erste eigenständige Rathausbau seit dem Mittelalter, nach Plänen des dänischen Architekten Arne Jakobsen.
Im Zweiten Weltkrieg wurde die Innenstadt von Mainz fast vollständig zerstört. Von den noch zahlreichen erhaltenen Häusern des Mittelalters, den prachtvollen barocken Adelshöfen und den eindrucksvollen Bauten der Gründerzeit blieben nur Ruinen. In der Altstadt südlich des Domes blieben die alten Straßenzüge mit ihren kleinteiligen Baustrukturen beim Wiederaufbau erhalten. Das Gebiet nördlich des Domes wurde neu geordnet, große Neubauten prägen heute dieses Stadtviertel. Nur noch an wenigen erhaltenen Bauten lässt sich die ursprüngliche Stadtgestalt festmachen.

Mainz, Rheinfront mit Regierungsviertel

Seit dem Mittelalter wird die nördliche Ecke der Stadt von Bauten der Mainzer Erzbischöfe eingenommen. Diether von Isenburg hatte 1478 mit dem Bau der sog. Martinsburg begonnen um seine Residenz von der Domumgebung aus Sicherheits- und Platzgründen an den Rand der Stadt zu verlegen. Als Wasserburg kon-

zipiert war die Burg gegen die Stadt und Angriffe von Außen gleichermaßen geschützt. Sie diente als Wohnsitz und Sitz der erzbischöflichen Verwaltung. Seit dem 16. Jh. sind an der Rheinfront weitere zur Kurfürstlichen Hofhaltung und Verwaltung gehörende Bauten entstanden. Trotz aller politischen Veränderungen hat dieses Stadtviertel seit damals seine Stellung als Residenz- und Regierungsviertel behauptet.
Der Neubau des Schlosses begann 1628, ursprünglich als Erweiterung der Martinsburg geplant. Trotz einer Bauzeit von 125 Jahren bietet der mächtige zweiflügelige Bau ein einheitliches Bild, nicht zuletzt durch die rote Farbfassung. Erst seit dem Abriss der Martinsburg 1807 war eine freie Sicht auf den Schlosskomplex möglich. Auch die Schlosskapelle St. Ganggolf, die die Verbindung zu den folgenden Bauten der Rheinfront schuf – sie stand etwa auf der Straßeneinmündung der Großen Bleiche – wurde 1807 abgebrochen. Es folgte der Bau der Deutschordenskommende die 1730–40 offensichtlich schon als Teil einer umfassenden Gestaltung der Rheinfront geplant und ausgeführt wurde. Ermöglicht wurde dies durch Erzbischof Franz-Ludwig von Pfalz-Neuburg, der gleichzeitig Vorsteher des Deutschherrenordens war. Unter Napoleon zur kaiserlichen Residenz bestimmt, ist das Gebäude heute nach dem Wiederaufbau Sitz des rheinland-pfälzischen Landtages.
Das daran anschließende Neue Zeughaus, ebenfalls in der Mitte des 18. Jhs. erbaut, ersetzte mit seiner Front die Stadtmauer. Zeughäuser dienten der Lagerung von Kriegsmaterial. Früher lagen die Gebäude in Mainz dichter am Rhein, das Neue Zeughaus hatte eine eigene Schiffsanlegestelle und so konnte schweres Gerät direkt verladen werden. Heute ist das Neue Zeughaus Sitz der Staatskanzlei.
Dahinter schließt direkt die Dreiflügelanlage des Alten Zeughauses an, das im 17. Jh. ebenfalls zur Lagerung von Kriegsgerät gebaut worden war. Sein alter Name „Sautanz" deutet auf die ursprüngliche Nutzung des Geländes als Schweineweide hin.
Auf das Neue Zeughaus läuft direkt die Rheinbrücke von Kastel zu. Diese erste feste Rheinbrücke seit der Römerzeit wurde 1882–85 erbaut, zuvor hatte eine Schiffsbrücke die beiden Ufer verbunden. Nach der Zerstörung im Zweiten Weltkrieg wurde die Brücke wieder in alter Form und am alten Ort errichtet.
Die zwischen Schloss und Deutschhaus einmündende Straße in Ost-West-Richtung ist die Große Bleiche,

Mainz, Rheinfront

Hauptstraßenzug des Bleichenviertels. An dieser Stelle breitete sich bis in das 17. Jh. Wiesen- und Gartenland aus. Kurfürst Johann Philipp von Schönborn plante die frühe Stadterweiterung, die auch die abgelegene kurfürstliche Hofhaltung besser einbinden sollte. An der Straße sollten kurfürstliche Bauten und Adelspalais entstehen. Die in der Mitte des 18. Jhs erbaute Peterskirche mit ihrem kompakten Baukörper, dem hohen Schieferdach und der Doppelturmfassade war wohl schon in die Planung des Schlossgebietes eingebunden. Auch die ehemalige Golden-Roß-Kaserne, 1766/67 als kurfürstlicher Marstall erbaut, gehörte in diese Konzeption. Die große Vierflügelanlage auf der rechten Straßenseite beherbergt seit dem Wiederaufbau nach Kriegszerstörung das Landesmuseum.
Das im Zweiten Weltkrieg stark zerstörte Bleichenviertel wurde mit Ministerialgebäuden der Landesregierung und Banken bebaut. Die ursprüngliche Blockrandbebauung gab man in einigen Bereichen auf, sodass ein städtebaulich eher unorganisches Viertel entstanden ist.

Mainz, Kaiserstraße

Seit der Römerzeit war Mainz eine befestigte, von Mauern umgebene Stadt. Die mittelalterliche Stadtmauer baute in wesentlichen Teilen auf der römischen Begrenzung auf. Im 17. Jh. wurde die Stadt mit einem Festungsgürtel bestehend aus Bastionen und der Zitadelle umgeben. Damit waren der Stadtentwicklung bis in das 19. Jh. enge Grenzen gesetzt. Erst die Lockerung der Festungsbestimmungen nach dem Ende des deutsch-französischen Krieges 1870/71 machte eine Erweiterung des Stadtgebietes möglich. Der damalige Stadtbaumeister Eduard Kreyßig legte mehrere Entwürfe für das Gebiet im Norden der Stadt, das sog. Gartenfeld vor: Ein großzügiges Straßensystem symmetrisch um eine Allee in Nord-Süd- und eine in Ost-West-Richtung sowie als Blickpunkte drei Kirchenbauten und ein zentraler Platz waren für die Anlage eines völlig neues Stadtviertels – in seiner Ausdehnung größer als die bisherige Stadtfläche – geplant. Die Umsetzung dieser Planung zog sich über mehrere Jahrzehnte bis nach dem Ersten Weltkrieg hin und wurde den veränderten Gegebenheiten angepasst.
In der ersten Bauphase entstand die monumentale Ost-West-Verbindung, zunächst „Boulevard" genannt, erst ab 1888 bürgerte sich der Name Kaiserstraße ein. Die 60 m breite Straße wurde mit zwei Fahrbahnen, getrennt durch eine bepflanzte Mittelpromenade mit Gehwegen, konzipiert. Am oberen und unteren Ende erweiterte sich der Straßenraum platzartig. Zum Rhein hin wurde zwischen 1885 und 1903 die evangelische Christuskirche nach Plänen von Stadtbaumeister Kreyßig errichtet. Der freistehende, imposante Bau in den Formen der Renaissance mit seiner hoch aufragenden Kuppel bildet ein Pendant zum Dom und dominiert das Stadtbild in ähnlicher Weise. Westlich der Kirche stehen Pfarr- und Gemeindehaus. Am oberen Ende riegelt der Erweiterungsbau der Reichsbahndirektion die Kaiserstraße zum Bahnhof hin ab. Das 1936/37 im ersten begrünten Karree errichtete Gebäude unterbricht die Grünzone, die ursprünglich bis zum Hauptbahnhof reichen sollte.
Entlang der Kaiserstraße entstanden repräsentative Verwaltungs- und Geschäftshäuser, daneben aber auch Mietshäuser mit prachtvollen Fassaden in historistischen Architekturformen. Die verschiedenen Karrees der mittleren Grünanlage waren abwechslungsreich gestaltet mit Rasenparterres und Blumenbeeten, eingefasst von einer ornamentalen Pflasterung.
Auf die Erweiterung an der Christuskirche stößt von rechts eine kleine Platzanlage, der 117er Ehrenhof, benannt nach dem Infanterie-Leibregiment Großherzogin Nr. 117 (gegründet 1697, aufgelöst 1919), dem man hier 1933 ein Ehrenmal errichtete. Dort wurde 1886–89 für das älteste Mainzer Gymnasium, das Gymnasium Moguntinum – heute Rabanus-Maurus-Gymnasium – ein repräsentativer Neubau errichtet. Die dreiflügelige Anlage aus rotem Sandstein ist mit ihrer Ansichtsseite zum Platz hin ausgerichtet.
Nach Zerstörungen im Zweiten Weltkrieg wurde die Kaiserstraße wieder aufgebaut. Die Grünanlagen stellte man in ihrer Großform wieder her, auch die Straßenrandbebauung erfolgte auf den alten Grundrissen, sodass die Grobstrukturen erhalten blieben, viele Neubauten heute allerdings das Straßenbild bestimmen. Dennoch ist der einstige prächtige Boulevard als Straßenraum erlebbar.

Oppenheim

An der markantesten geographischen Situation zwischen Mainz und Worms liegt die Stadt Oppenheim auf einem Bergvorsprung am westlichen Rand des rheinhessischen Hügellandes hoch über dem Rhein. Schon in vorgeschichtlicher Zeit war dieser Ort besiedelt. Im Jahre 764 wird Oppenheim erstmals urkundlich genannt im Zusammenhang mit einer Schenkung von Weinbergen an das bedeutende Kloster Lorsch. Im Süden der Stadt lag der Königshof. Hier entwickelte sich eine erste Siedlung um die – nicht mehr erhaltene – Sebastianskapelle. 1008 erhielt der Ort Markt- und Zollrechte, der Handel blühte auf. 1118 wurden die Burg im Nordwesten der Stadt und die Kirche durch den Mainzer Erzbischof zerstört, da Oppenheim kaisertreu geblieben war. Der Wiederaufbau erfolgte bald danach. Bis etwa 1200 entstand unterhalb der Burg eine „nova civitas" (neue Stadt). 1234 erhielt Oppenheim Stadtrechte. Gleichzeitig begann man mit dem Bau der Katharinenkirche an städtebaulich herausragender Stelle oberhalb der regelmäßig angelegten Neustadt. Die bürgerliche Marktsiedlung entwickelte sich zu beiden Seiten der Straße nach Mainz. Diese beiden Siedlungskerne – hinzu kommt noch die Burgmannensiedlung oberhalb der Katharinenkirche – wuchsen im Laufe der Zeit zusammen. Die gesamte Stadt wurde seit dem 13. Jh. unter Einbeziehung der Burg befestigt. Quer durch Oppenheim zwischen Alt- und Neustadt verlief die Grenze zwischen den Bistümern Mainz und Worms. Im 14. Jh. wurde Oppenheim an Mainz verpfändet, später an die Kurpfalz, was letztlich zur Zerstörung 1689 im pfälzischen Erbfolgekrieg führte. Nur langsam erholte sich die Stadt von diesem Schicksalsschlag.
Nach der Zugehörigkeit zu Frankreich kam Oppenheim 1816 an Hessen und wurde später Kreisstadt. Nach wie vor spielte, begünstigt durch die Lage am Rhein, der Handel eine wichtige Rolle für die weitere Entwicklung der Stadt.
Der Blick von Süden auf Oppenheim zeigt die Lage hoch über einer sanften Biegung des Rheins am Rande der rheinhessischen Hügel mit ihren Weinbergen. Dominierender Bau im Stadtbild ist die gotische Katharinenkirche mit ihren beiden spätromanischen Türmen in der Mitte, dem Kirchenschiff und Chor nach Osten (13./14. Jh.) und dem hohen Westchor des frühen 15. Jhs. Der Kirchenbau gehört zu den herausragenden Zeugnissen gotischer Architektur am Rhein zwischen Köln und Straßburg. Im Inneren befinden sich zahlreiche, zum Teil sehr qualitätvolle Grabdenkmäler der örtlichen Adelsgeschlechter. Außerdem bewahrt die Kirche einen großen Bestand originaler mittelalterlicher Fenster.
Über der Katharinenkirche ist – umgeben von Weinbergen – die Burg Landskron zu sehen. Die erhaltenen Ruinenteile gehören zur letzten Bauphase, dem Umbau der Burg zum Renaissanceschloss im frühen 17. Jh. Zerstört wurde die Burg zusammen mit der Stadt im Jahre 1689.
Zwischen Katharinenkirche und Krämerstraße, die dem Verlauf der mittelalterlichen Bistumsgrenzen entspricht, liegt die Neustadt, eine regelmäßige Anlage mit einem leiterartigen Straßensystem. Deutlich zu sehen ist das Rathaus aus dem frühen 17. Jh. mit seinen beiden Giebeln. Davor erkennt man in Nord-Süd-Ausrichtung die Bartholomäuskirche, ein Bau der Franziskaner aus der 2. Hälfte des 14. Jhs., heute katholische Pfarrkirche. Die städtebauliche Entwicklung hat den alten Kernbereich längst überschritten. Einkaufs- und Geschäftszentrum liegen in der Ebene östlich und südöstlich unterhalb der Stadt.
Matthäus Merian, der zeitweise in Oppenheim lebte und arbeitete, beschrieb 1645 die wichtigsten Merkmale dieser Stadt: „Man findet zu Oppenheim eine frische Lufft/guten Wein/und Fruchtgewächs/sehr tieffe Keller/viel Adels-Sitz und Hoff… hat eine Pfarrkirch zu St. Catharina/genant/ziemlich groß…"
Mit den „tiefen Kellern" sind Hunderte von Kelleranlagen und -gängen gemeint, die in mehreren Ebenen übereinander im Laufe der Jahrhunderte in die Löß-Lehm-Schicht gegraben wurde. In den letzten Jahren begann man sie systematisch zu erforschen und zu sichern. Heute gehört die „unterirdische Stadt" neben der Katharinenkirche zu den Hauptsehenswürdigkeiten der Stadt Oppenheim.

Worms, Innenstadt

Zwei die Stadtgeschichte von Worms repräsentierende Bauten bilden den Mittelpunkt des Stadtkerns. Schon während der römischen Besiedlung befand sich das Forum auf dem Platz des Domes, der heute, auf einem flachen Hügel liegend das Stadtbild dominiert. 1005 begann Bischof Burchard mit dem Bau einer groß ange-

Worms, Stadtzentrum

legten Kirche, die wohl mehrere kleinere Vorgänger hatte. Zwischen 1130 und 1200 wurde der Dom erneuert auf dem Grundriss des alten Burchard-Baus. Die dreischiffige Basilika mit zwei Chören, einem Querhaus im Osten und vier flankierenden runden Türmen ist von sehr einheitlicher Gesamtwirkung und gehört zu den bedeutenden Beispielen romanischer Baukunst in Deutschland. An der Südseite schloss sich der im 19. Jh. abgerissene Kreuzgang an. Auch das Hauptportal befindet sich auf dieser Seite. Auf der Nordseite stand der mittelalterliche Bischofshof, in dem auch der Kaiser während der Reichstage residierte. Hier hatte die Verhandlung gegen Luther auf dem Reichstag 1521 stattgefunden. Das mittelalterliche Worms mit seinen Kirchen, Stiften, Klöstern, Adelshöfen und den repräsentativen öffentlichen Gebäuden wie der Münze wurde 1689 während des pfälzischen Erbfolgekriegs in Schutt und Asche gelegt. Die Umfassungsmauern des Domes überstanden die Zerstörung. Worms erholte sich nur langsam und wurde als barocke Stadt wieder aufgebaut.

Das erste große öffentliche Bauprojekt nach der Katastrophe war der Bau der evangelischen Dreifaltigkeitskirche. Seit der Reformationszeit war Worms eine weitgehend lutherische Stadt, was zu ständigen Zwistigkeiten mit dem Bischof führte. Da es keine ausreichend große protestantische Kirche gab, beschloss man an der Stelle der zerstörten Münze den Kirchenbau zu errichten. Fälschlicherweise hatte man angenommen, dass Luther während des Reichstags an dieser Stelle vor dem Kaiser gestanden hätte. 1725 wurde der in den strengen Formen des französischen Barock errichtete Bau eingeweiht. Mit seinem mächtigen Dach und dem Mittelturm an der Westfassade bildet er auch eine repräsentative Wand des heutigen Marktplatzes. Das Marktgeschehen fand im Mittelalter als Straßenmarkt an einer verbreiterten Stelle vor der Münze statt. Die freie Fläche des Marktplatzes entstand im späten 19. Jh. durch den Abriss mehrerer Häuser. Nach dem Zweiten Weltkrieg wurde an der Ostwand des Platzes das Rathaus gebaut. Der viergeschossige Bau ist in sei-

Worms, Dom

nen Architekturformen charakteristisch für die 1950er Jahre. Ein Uhrturm mit Glockenspiel nimmt Traditionen wieder auf. Im Zuge des Wiederaufbaus nach der fast völligen Zerstörung im Zweiten Weltkrieg entstand im Bereich des Marktplatzes und seiner Umgebung eine maßstabsgerechte Bebauung.

Das Parkgelände an der Nordwestseite des Domes gehört zur repräsentativen Villa Heylshof, einem in neobarocken Formen im 19. Jh. errichteten schlossartigen Gebäude. An dieser Stelle verlief die mittelalterliche Stadtmauer, die in die Parkgestaltung miteinbezogen wurde. Der Stadtmauerverlauf nach Norden lässt sich an der Häuserzeile direkt im Anschluss erkennen. Hier sind die Häuser an bzw. auf die Stadtmauer gebaut. Der weitere Verlauf hinter dem Westchor des Domes nach Süden lässt sich ebenfalls erahnen.

Südwestlich des Domes ist eine dreieckige begrünte Anlage zu erkennen (im Bild des Stadtzentrums oben rechts), der Alte jüdische Friedhof. Zusammen mit Mainz und Speyer war die jüdische Gemeinde von Worms die berühmteste im europäischen Judentum des Mittelalters, ihre Gelehrten genossen höchste Autorität in religiösen Fragen. Der Wormser jüdische Friedhof ist der älteste in Europa. Vom 11. Jh. bis 1911 wurde auf dem „Heiligen Sand" bestattet. Mehrfach wurde der Friedhof erweitert. Da nach jüdischer Vorschrift kein Grab aufgelöst werden darf, zeugen 2000 Gräber mit ihren Grabsteinen von der langen jüdischen Geschichte in Worms.

Worms-Herrnsheim, Schloss

Nördlich vor den Toren von Worms liegt der eingemeindete Ort Herrnsheim. Das Dorf wird 771 erstmals erwähnt. Im 14. Jh. erhielten es die Kämmerer von Worms gen. Dalberg zum Lehen und bauten es zu ihrer Residenz aus. Die Familie der Kämmerer stammte aus Worms, kam über Erbwege in den Besitz der Burg Dalberg im Hunsrück und benannte sich danach. Sowohl auf kirchlicher wie auch reichspolitischer Ebene gelangten die Dalberg zu Macht und Ansehen. Sie stellten zwei Mainzer Erzbischöfe, einen Wormser Bischof und einen Fürstabt von Fulda.

Herrnsheim hatte seit dem 15. Jh. eine Ortsbefestigung, die sog. Fleckenmauer, von der noch Teile erhalten sind. Von den noch stehenden Türme wurden zwei in die Schlossparkgestaltung miteinbezogen. Etwa gleichzeitig entstand am Rand des Dorfes der erste Schlossbau, möglicherweise eine Wasserburg, die 1689 durch die Franzosen zerstört wurde. Im frühen 18. Jh. errichtete man ein repräsentatives Barockschloss mit zugehöriger Gartenanlage, in das die noch erhaltenen Teile des mittelalterlichen Rundturms miteinbezogen wurden. Um einen weiten Schlosshof wurden die Wirtschaftsgebäude gruppiert. Beim Einmarsch der französischen Revolutionstruppen wurden Schloss und Garten wieder in Mitleidenschaft gezogen, sodass im 19. Jh. eine Wiederherstellung notwendig wurde. Es entstand ein sowohl im Äußeren wie auch im Inneren klassizistischer Schlossbau. Die Grundmauern des barocken Baus wurden aufgenommen, aber einer völlig neuen Bauidee angepasst. An den Hauptflügel schließt ein in den Hof vorspringender Querflügel an. Am Ende der langen Gartenfront steht der im Kern mittelalterliche Rundturm, der als Bibliotheksturm mit eingebauten Bücherschränken in die Neukonzeption mit einbezogen wurde. Die Farbgebung in lichtem Grün mit rot abgesetzter Architekturgliederung entspricht der des mittleren 19. Jhs. Die Innenausstattung mit Parkettfußböden in verschiedenen Hölzern, ein in pompejanischem Stil kostbar ausgemaltes Zimmer und handgemalte Tapeten aus der Pariser Manufaktur Dufour vermittelt den heute seltenen Eindruck einer Schlossgestaltung der Empire-Zeit.

An die Nordfront des Schlosses schließt eine Gartenanlage im Stil englischer Landschaftsgärten an. Schöpfer war der berühmte Gartenarchitekt Friedrich Ludwig von Sckell. Zwischen 1788 und 1792 gestaltete er den barocken Garten völlig um. Unter Ausnutzung des leicht abfallenden Geländes legte er eine große Wiesenfläche an; ein geschwungenes Wegesystem, Weiher, Baum- und Gehölzgruppen bildeten eine malerische Gartenlandschaft. Auftraggeber war Emmerich Joseph von Dalberg, der Intendant des Mannheimer Nationaltheaters und Förderer Friedrich Schillers. Der Park wurde 1794 durch die Revolutionstruppen in einigen Teilen verwüstet, blieb aber bei der Wiederherstellung im 19. Jh. in seinen Grundstrukturen unangetastet.

Der letzte Dalberg, Lord Acton-Dalberg, verkaufte das Schloss 1883 an die Wormser Industriellenfamilie Freiherrn von Heyl, die die Einrichtung sorgsam erhielten. Seit 1957 befindet sich das Schloss im Besitz der Stadt Worms.

Im alten Ortskern ragt die Pfarrkirche St. Peter über die umliegende Bebauung empor. Philipp von Dalberg erbaute sie im 15. Jh. unter Einbeziehung von Teilen des romanischen Vorgängerbaus in spätgotischen Formen. In den Kapellenanbauten wurde eine Grablege für die Familie von Dalberg eingerichtet, die zahlreiche zum Teil hervorragende Grabdenkmäler vom 15.–18. Jh. enthält.

Im Ortskern sind noch die alten Strukturen erkennbar. Stattliche Hofanwesen des 18. und 19. Jhs. bilden in dem noch landwirtschaftlich geprägten Ort zusammen mit Kirche, Schloss und Schlosspark ein reizvolles Ensemble.

Worms-Herrnsheim, Schloss und Park

PFÄLZISCHE RHEINEBENE

Pfälzische Rheinebene – Haardtrand

Mit dem Begriff „Pfälzische Rheinebene" wird der westliche Teil der Pfalz umschrieben, das Land zwischen Rheinhessen, südlich der Linie Worms – Kirchheimbolanden bis zum Elsass, im Westen begrenzt durch die Haardt, im Osten durch den Rheinlauf. Dieser Raum ist Teil des Oberrheingrabens der sich von Basel bis an den Südrand des Rheinischen Schiefergebirges erstreckt. Vor ca. 35 Millionen Jahren begann die Entwicklung des Oberrheingrabens hin zur heutigen Form. Über seine gesamte Länge von ca. 300 km und durchschnittlich 35–40 km Breite – kam es zu einem Absenken der Erdoberfläche und Ablagerungen von Sedimenten. Die Randgebiete – Pfälzer Wald/Vogesen bzw. Odenwald/Schwarzwald – hoben sich als Grabenschultern heraus. In einer zweiten Phase kam es zu einer Verschiebung bzw. Erhebung.

Das Bild zeigt den Haardtrand südlich von Neustadt mit den Bergen des Pfälzer Waldes, der Vorhügelzone, auf der das Hambacher Schloss liegt. Von hier ziehen sich die Weinberge bis in die Ebene. Erkennbar sind die Dörfer Diedesfeld und Hambach sowie im Hintergrund die Stadt Neustadt.

Während in der Rheinebene das Straßendorf mit seinen Varianten die häufigste Siedlungsform ist, findet sich diese an der Weinstraße eher selten. Die Struktur der Dörfer und Städte ist hier abhängig von den Taleinschnitten der Haardt, in denen sie häufig liegen und von wo aus sie sich entwickelten. In den Orten selbst werden Straßenkreuzungen und Abzweigungen gerne durch Bauten wie Kirchen und Rathaus markiert.

Das Bild der Dörfer an der Weinstraße, die fast alle von oben, das heißt von den Höhen der Haardt und den Burgen einzusehen sind, wird bestimmt von einer lebendigen Dachlandschaft. Entlang der Straßen stehen die ziegelgedeckten Wohnhäuser. Dahinter und seitlich folgen die Dächer von Scheunen und anderen Wirtschaftsgebäuden. Gerade die alten, aus verschiedenen Ziegeleien stammenden und immer wieder

Pfälzische Rheinebene – Haardtrand

umgedeckten Biberschwänze ergeben ein buntes Bild; die Palette reicht von Gelbtönen über rote Farbabstufungen bis hin zu dunkelbraun, Merkmale, welche industriell gefertigte Ziegel in dieser Vielfalt nicht aufweisen können. Neubauten und Neubaugebiete sind erkennbar an gleichförmigen, vielfach auch grauen Dacheindeckungen.
Die Dörfer, wie Perlen an einer Kette, der Weinstraße, aufgereiht, sind eingebettet in die Weinberge. Das Grün der Weinstöcke findet sich wieder bei den Hausreben im Dorf. Von besonderer Schönheit ist die Färbung in den Herbstmonaten.
Bei den Städten an der Weinstraße gelten andere Kriterien. Der Siedlungsdruck ist hier deutlich größer, was zur Anlage von großen Baugebieten in der Ebene führte. Historische Grenzen sind längst überschritten.
Die landschaftliche Schönheit der Weinstraße mit ihren Dörfern und Städten sowie zahlreichen Baudenkmälern, insbesondere Burgen führte 1935 zur Einführung der Begriffs „Deutsche Weinstraße". Neben politischen und touristischen waren es vor allem wirtschaftliche Aspekte, die dazu führten, da der Weinabsatz damals stagnierte. Die Weinstraße erstreckt sich von Kindenheim/Bockenheim bei Grünstadt im Norden bis nach Schweigen im Süden an der Grenze zum Elsass. Hier steht das 1936 errichtete Weintor. Die Weinstraße umfasst knapp 80 Dörfer und Städte, die nicht alle direkt am eigentlichen Straßenzug, sondern auch weiter in der Ebene liegen können. Der Begriff „Weinstraße" ist somit auch gebräuchlich als kulturräumliche Bezeichnung für den Haardtrand und die anschließenden Weinbauflächen.

Ilbesheim bei Kirchheimbolanden

In der Rheinebene zwischen Alzey und Kirchheimbolanden liegt das Dorf Ilbesheim im Übergangsbereich vom Rheinhessischen Tafel- und Hügelland zur Pfälzischen Rheinebene. Funde seit der Jungsteinzeit machen deutlich, dass die fruchtbaren Lößböden dieser Gegend für landwirtschaftliche Nutzung schon in alten Zeiten geeignet waren und es bis heute sind.
Das Dorf Ilbesheim hat sein Bild und seine historische Struktur recht gut bewahrt. In seiner Geschichte erlebte der Ort zahlreiche Besitzwechsel, was typisch ist für die Dörfer in der Ebene.
Die fränkische Gründung des 6./7. Jhs., taucht urkundlich erstmals 773 im Lorscher Codex auf. Grundbesitz hatte hier auch das Kloster Weißenburg im Elsass. König Arnulf schenkte Ende des 9. Jhs. den Zehnten aus dem Ilbesheimer Königsgut an das Wormser Domstift. Das Dorf war dann in Besitz der Herren von Bolanden, später der Falkensteiner. Seit dem 15. Jh. wechselten die Besitzverhältnisse zwischen den Grafen von Virneburg, der Grafschaft Falkenstein, dem Herzog von Lothringen und Österreich.
Im späten 18. Jh. wurde Ilbesheim französisch und gehörte zum Kanton Kirchheimbolanden im Departement Mont Tonnerre. Ab 1816 wurde das Dorf wie die ganze linksrheinische Pfalz bayerisch. Heute gehört Ilbesheim zum Donnersbergkreis.
Der Ort gehört in seiner Struktur zum in der Rheinebene weit verbreiteten Typ des Straßendorfes. Das bedeutet, dass ein Dorf zunächst nur aus einer Straße besteht, auf deren beiden Seiten die Häuser und Gehöfte sowie die übrigen Bauten nebeneinander stehen. Entstanden ist Ilbesheim an einer mittelalterlichen Geleitstraße zwischen Alzey und Langweil, die 1385 unter dem Namen „Heerstraße" in Urkunden erscheint.
Keimzelle des Dorfes ist mit hoher Wahrscheinlichkeit der Bereich um die Kirche – im Bild links oben – von wo aus die Hauptstraße in einem Bogen geführt wird und dann in östlicher Richtung verläuft. Im 16. Jh. wird ein Bannzaun, Vorgänger einer gemauerten Ortsbefestigung erwähnt. Flurnamen weisen auf Dorftore hin. Eine Orts- oder Fleckenmauer aus späterer Zeit ist an der Nordseite des Dorfes noch in beachtlichen Teilen erhalten.
Aus dem Katasterplan von 1841 ist zu ersehen, dass das Dorf damals schon fast die Ost-West- Ausdehnung hatte wie heute. Alle späteren Erweiterungen konzentrieren sich auf die südliche Hälfte des Dorfes (entspricht der unteren Bildhälfte).
Das Luftbild zeigt die umliegenden, noch unbestellten bzw. gerade die ersten grünen Spitzen zeigenden Felder, deren regelmäßige, rechtwinklige Anordung durch diagonal verlaufende Wege und Straßen gekreuzt wird.
Im alten Dorf stehen an der Straße giebel- bzw. traufständige Wohnhäuser. Nach hinten folgen Wirtschaftsgebäude und große querstehende, einen Riegel bildende Scheunen. An der Hauptstraße gibt es Hoftore mit geradem Sturz sowie rundbogige oder überbaute Toreinfahrten. Fachwerk wechselt mit verputztem Mauerwerk. Die ältesten Häuser stammen aus dem 18. Jh. Etwa in der Mitte der Hauptstraße stehen das Gemeindehaus mit einem Turm, entstanden 1858, ein urtümlich wirkendes Backhaus der Zeit um 1700, die ehemalige Schmiede und ein Gasthaus. Alle älteren Häuser besitzen eine rote Ziegeldeckung; bei den Neubauten gibt es graue Dächer. Am westlichen Ortsrand, liegt die Kirche, ein klassizistischer Saalbau von 1790/91, der bis 1969 von beiden Konfessionen genutzt wurde. Bis zum Ende des Simultaneums waren

Ilbesheim bei Kirchheimbolanden

Chor und Langhaus durch eine Bretterwand getrennt. An der Westseite der Kirche steht der romanische Turm eines Vorgängerbaus mit Schallarkaden in zwei Geschossen; der Turmhelm entstand 1858. Oberhalb der Kirche liegt der Gemeindefriedhof.

Ludwigshafen am Rhein

Ludwigshafen, eine der jüngsten Großstädte am Rhein wird fassbar zunächst als Brückenkopf der im Jahre 1606 durch Kurfürst Friedrich IV. gegründeten Residenzstadt Mannheim auf der anderen Seite des Stroms. Auf der Gemarkung mehrer deutlich älterer Dörfer entstand hier eine Siedlung. Nach dem Wiener Kongress war die Rheinschanze mit der Pfalz an Bayern gefallen; 1843 erwarb König Ludwig I. von Bayern den Handelsplatz, der den Namen „Ludwigshafen" erhielt und bald zu den Städten des Bayerischen Rheinkreises zählte. Der schnelle wirtschaftliche Aufschwung und die damit verbundene Entwicklung wurden begünstigt durch den Bau der Eisenbahn in der Mitte des 19. Jhs. die Anlage eines Hafens und schließlich durch die Ansiedlung der Badischen Anilin- und Sodafabrik im Jahre 1865, die zunächst in Mannheim gegründet worden war. Der unvergleichliche Aufschwung der Industriestadt – zur BASF kamen weitere, vor allem chemische Fabriken – führten zu einer charakteristischen Prägung der Landschaft entlang des linksrheinischen Rheinufers. Die Dominanz der Industrieanlagen bestimmt bis heute Stadt, Stadtbild und das Erscheinungsbild der Region. Schnell erholte sich Ludwigshafen von den Zerstörungen des 2. Weltkriegs, dem die

Ludwigshafen am Rhein, BASF

gründerzeitliche Stadt des späten 19. Jhs. weitgehend zum Opfer gefallen war.
Nur noch rudimentär sind aus der Luft ältere Siedlungsbereiche zu erkennen. Industrie- und Hafenanlagen haben diese zusammen mit rasch expandierenden Wohngebieten längst überlagert. Die beiden großen Rheinbrücken rahmen den alten Kern. Die südliche zielt auf das große Barockschloss in Mannheim und erinnert so noch an die Frühzeit der Industriestadt.
Entlang des breiten Bandes des Rheins, der als Verkehrsweg nach wie vor eine entscheidende Rolle spielt, drängt sich die Stadt. Lagerhäuser, Verladeeinrichtungen, Rampen, Kräne und andere Bauten der Hafenanlagen liegen dicht an dicht auf beiden Seiten des durch Kaimauern gefassten Ufers. Nach Südwesten schließen Innenstadt, Stadtteil Nord und BASF an, die Grenzen sind auf den zweiten Blick noch erkennbar. Städtebauliche Dominanten sind schwer auszumachen. Die Kirchen mit ihren Türmen haben deutliche Konkurrenz bekommen durch Brückenpfeiler, Hochhäuser und Verwaltungsbauten. Der Nordteil der Stadt wird entscheidend geprägt durch das Friedrich-Engelhorn-Hochhaus, die Verwaltungszentrale der BASF. Fertig gestellt im Jahre 1957 nach Plänen des renommierten Architekturbüros Hentrich und Petschnigg aus Düsseldorf ist es mit 107 m Höhe das höchste Gebäude der Stadt und ihr modernes Wahrzeichen. Der Bau steht für moderne Architektur aber auch für wirtschaftlichen Aufschwung und die Überwindung des Krieges mit seinen Folgen. Als eines der ersten modernen und zugleich höchsten Hochhäuser in Deutschland ist es längst als Kulturdenkmal anerkannt, insbesondere auch wegen seiner Halle in den charakteristischen Architekturformen der 50er Jahre.
Auf der anderen Seite der Carl-Bosch-Straße erkennt man die Reste der ältesten Arbeitersiedlung der BASF, der Kolonie, erbaut ab 1872. Den kleinen Backsteinhäusern sind Nutzgärten zugeordnet; man wohnte trotz der Nähe zur Fabrik im Grünen. Werkseigene Siedlungen verschiedener Bauweise schließen sich an. Neben Einzelhäusern gibt es geschlossene Bebauung gruppiert um Höfe oder Wohnblocks jüngerer Zeit. Großen Raum nimmt der ruhende Verkehr ein. Ältere Siedlungsflächen wurden zwischenzeitlich zu Parkplätzen umgewandelt. Erhalten sind Gemeinschaftseinrichtungen wie das Feierabend- oder Gesellschaftshaus aus der Zeit der Jahrhundertwende mit aufwändiger Innenausstattung.
Auf der anderen Seite der Carl-Bosch-Straße zum Rhein hin erstreckt sich die eigentliche Fabrik, ein von Straßen rasterartig gegliedertes Areal, größer als ein Stadtteil. Im Werk Ludwigshafen sind heute mehr als 33.000 Menschen beschäftigt. Überragt von hohen Schloten gibt es hier eine verwirrende und doch einer Ordnung folgende Vielfalt technischer Zweckbauten, verbunden durch ein scheinbar willkürliches Rohr- und Leitungssystem, eine eigene Welt in rostbrauner Färbung, die zu den nahe gelegenen Wohngebieten kontrastiert, auch durch Geräusche und Gerüche. Immer wieder werden Bauten ausgewechselt, erneuert und den Bedürfnissen angepasst. Diese Industrielandschaft mit ihrer eigenen Ästhetik und Faszination beeindruckt aus der Luft gesehen in besonderer Weise und ist ein typischer, nicht weg zu denkender Teil der Stadt Ludwigshafen.

Kloster Limburg und Hardenburg bei Bad Dürkheim

Seit dem 10. Jh. gehörte das Territorium um Dürkheim zum Herrschaftsgebiet der Salier, die sich damals Herzöge nannten. Auf einer Anhöhe westlich von Dürkheim errichteten sie die Lintburg. Mit der Wahl Konrads II. zum Kaiser erlangte das Gebiet wachsende Bedeutung, denn von hier aus wurde die Hausmacht der Salier ausgebaut. Nach seiner Wahl zum König (1024) stiftete Konrad zusammen mit seiner Gemahlin Gisela das Benediktinerkloster Limburg. Zu diesem Zweck sollte die Stammburg Lintburg umgebaut werden. Die Grundsteinlegung der Kirche soll der Sage nach am selben Tag wie die des Speyerer Domes, dessen Stifter ebenfalls Konrad war, stattgefunden haben. Schon nach kurzer Zeit waren die Konventsgebäude bezugsfertig, in der Krypta konnten 1035 drei Altäre in Anwesenheit des Kaiserpaares eingeweiht werden. Die Weihe der Kirche 1042 erlebte Konrad allerdings nicht mehr. Limburg wurde zum Hauskloster der Salier, zeitweise wurden hier im 11. Jh. die Insignien des Kronschatzes verwahrt.
Auch als Ruine ist Kloster Limburg noch von beeindruckender Wirkung. Man erkennt das Langhaus, daran anschließend das mächtige Querhaus mit den großen Rundbogenfenstern in zwei Etagen. Der quadratische Chor wird flankiert von zwei Rundtürmen, darunter liegt die Krypta, in die wohl noch Fundamentmauern der Lintburg miteinbezogen wurden. Der westliche Abschluss bestand wahrscheinlich aus einer Doppelturmfassade, deren südlicher Turm noch bis in stattliche Höhe steht. Von den Klostergebäuden ist das

gotische Sommerrefektorium an der Nordseite am besten erhalten. Im 16. Jh. wurde das Kloster von den Truppen der Leininger Grafen geplündert und in Brand gesteckt. Schon kurz nach dem bescheidenen Wiederaufbau kam die Auflösung (1574) und die Gebäude wurden dem allmählichen Verfall preisgegeben. Nach dem Ankauf der Ruine durch die Stadt Dürkheim im 19. Jh. konnten die Mauern gesichert werden; die gesamte Anlage wurde parkartig gestaltet.

Unterhalb der Klosterruine liegt der Ort Hausen, der ursprünglich zum Kloster Limburg gehörte. Die Abtei hatte dort ein Benediktinerinnenkloster gegründet, von dem aber heute noch nicht einmal mehr der Standort bekannt ist.

Nur wenige Kilometer weiter der Isenach entlang liegt zwischen bewaldeten Hügeln die mächtige Ruine der Hardenburg, unterhalb davon der Ort gleichen Namens. Die Gemarkung Hardenburg war von Kaiser Konrad II. seinem Hauskloster Limburg gestiftet worden. Nach 1205 – die Grafen von Leiningen waren gerade Schutzvögte des Klosters geworden – baute Graf Friedrich von Leiningen ohne Einwilligung des Klosters auf dem Gelände eine Burg und nannte sich fortan Graf von Leiningen und Hardenburg. Mit dem Bau an dieser strategisch wichtigen Stelle oberhalb der Straße, die vom Rhein über Kaiserslautern nach Lothringen führte, konnten die Leininger ihren Einfluss sichern. Daher waren sie auch bereit, Kloster Limburg für den Burgberg der Hardenburg zu entschädigen.

Von der kleinen Burganlage des 13./14. Jhs. blieben nur wenige Baureste. Im 16. Jh. wurde die Burg zu einer gewaltigen Festungsanlage und gleichzeitig zu einem repräsentativen Residenzschloss ausgebaut, von wo aus die Leininger Grafen ihre zahlreichen Kriegshändel führten. Von der Befestigung haben sich die massiven, runden Geschütztürme erhalten. Bei den Wohnbauten zeugen Architekturglieder wie Türgewände der Renaissance in ihrer qualitätvollen Bearbeitung von hoher Wohnkultur. Dazu gehörte auch die Anlage des „Sommergartens“ mit seinen Rasenflächen und dem symmetrischen Wegesystem mit einem Brunnen als zentralem Punkt.

1725 verlegten die Grafen von Leiningen ihre Residenz in das Stadtschloss in Dürkheim. Seit dem wohnten nur noch leiningische Beamte in der Burg, die von französischen Revolutionstruppen 1794 zerstört wurde. Die Familie von Leiningen verlor nach 600 Jahren ihre linksrheinischen Besitzungen.

Hardenburg

Kloster Limburg und Hardenburg bei Bad Dürkheim

Neustadt an der Weinstraße

Ähnlich der ebenfalls kurpfälzischen Stadt Heidelberg am Neckar wurde Neustadt offensichtlich planmäßig am Rand der Haardt angelegt. Dies geschah wohl bereits Ende des 12. Jhs. durch Pfalzgraf Konrad. 1275 verlieh Rudolf von Habsburg die Stadtrechte. Hier residierte ein Vogt, später ein Oberamtmann als Vertreter der Landesherren. 1689 wurde Neustadt von den Franzosen besetzt, jedoch im Gegensatz zu vielen anderen Städten der Region nicht zerstört. Auch der zweite Weltkrieg verschonte die Stadt. Stärkere Eingriffe in die dichte, bis ins Mittelalter zurückreichende Bebauung des Stadtkerns erfolgten erst im Rahmen der Stadtsanierung in den 1970er Jahren.
Die rechteckige Kernstadt wird durch parallele, sich rechtwinklig kreuzende Straßen in einzelne Viertel aufgeteilt. Seit dem 13. Jh. war dieser Bereich befestigt. Im Luftbild ist ein Ausschnitt der Kernstadt mit Stiftskirche, Marktplatz, Jesuitenkolleg (heute Rathaus) zu sehen. Wichtigster und städtebaulich herausragender Bau des Stadtkerns ist die ehemalige Stiftskirche Liebfrauen mit der Grablege der Pfalzgrafen. Der heutige Bau entstand im Wesentlichen nach der Gründung des Kollegiatstiftes 1356. Die Chorweihe fand 1394 statt. Allerdings zog sich die Bautätigkeit noch bis zum späten 15. Jh. hin. Erst in der Barockzeit entstand die Türmerwohnung auf dem südlichen der beiden mächtigen Westtürme. Bei der Kirchenteilung 1705 wurde den Katholiken der Chor überlassen und drei Jahre später durch eine Wand vom Langhaus abgetrennt.
Südlich der Kirche liegt der quadratische Marktplatz mit einem zentralen Brunnen. Die westliche Platzwand bildet die Vierflügelanlage des ehemaligen Jesuitenkollegs, das 1729/30 erbaut wurde. Der Komplex, in dem seit 1838 das Rathaus untergebracht ist, wurde 1867 um ein Geschoss erhöht. In der unteren Bildhälfte, südlich des Marktplatzes, sieht man die dicht gedrängte Bebauung mit steilen Sattel- bzw. breit gelagerten Mansarddächern, die mit Biberschwanzziegeln gedeckt sind. Kaum wahrnehmbar sind die schmalen Gassen. Im Vordergrund rechts verläuft diagonal die Hauptstraße, Nord-Süd-Achse der alten Stadtanlage.
Oberhalb der Stiftskirche fällt der übergroße Baukörper eines Kaufhauses ins Auge, das mehr Fläche einnimmt als der Marktplatz. Hier und in anderen Teilen Neustadts verschwanden zahlreiche historische Häuser und Höfe zugunsten von Neubauten. Die Maßstäbe sind verschoben.
In der Bildmitte oben lässt die geschwungene Rathausstraße noch das Gebiet einer mittelalterlichen Vorstadt erkennen. Der Kirchenbau ganz links, die katholische Kirche Maria Empfängnis wurde 1860–62 außerhalb des alten Stadtkerns nach Plänen des Kölner Dombaumeisters Vincenz Statz errichtet, eine dreischiffige, neugotische Basilika mit Querhaus und hohem Westturm. Oberhalb der Kirche steht das Casimirianum, ein 1579 errichteter Renaissancebau. Hier begründete Pfalzgraf Casimir eine Hochschule für die Reformierten, die von der Heidelberger Universität ausgeschlossen worden waren. 1585 wurde der Bau in ein Gymnasium umgewandelt.
Bis heute besitzt Neustadt unter den Städten der Pfalz noch den größten Bestand an historischen Wohnhäusern, vielfach in Fachwerk errichtet, aus dem späten Mittelalter bis ins 19. Jh. ein Umstand, dem mittlerweile zahlreiche fachgerechte Restaurierungen Rechnung tragen.

Hambacher Schloss bei Neustadt

Hambacher Schloss, Kästenburg oder Maxburg – nicht weniger als diese drei Namen sind bis heute gebräuchlich für die exponierte Burgruine unweit des Neustädter Ortsteils Hambach. Der Begriff Kästenburg nimmt Bezug auf die Esskastanien „Käschte", die in großer Zahl rund um die Burg wachsen. Maxburg weist hin auf den begonnenen, aber nicht vollendeten Ausbau für den bayerischen Kronprinzen Maximilian in den Jahren 1845/46, und Hambacher Schloss nennt den Ort des Hambacher Festes von 1832.
Vor dem Ausbau des Hambacher Schlosses vor allem im 13./14. Jh. als Burg des speyerischen Domkapitells befand sich an dieser Stelle eine spätkarolingische Fliehburg, die im 11. Jh. verstärkt wurde. Die große, auf einem Vorsprung der Haardt gelegene Anlage war eine der wichtigsten Burgen des Bistums Speyer bis zur Franzosenzeit. In den Bauernkriegen wurde die Kästenburg 1525 von aufständischen Bauern aus Nussdorf besetzt und geplündert, schwere Schäden bis hin zur Zerstörung erlitt die Anlage bei der Eroberung durch Markgraf Albrecht Alcibiades von Brandenburg 1552 und endgültig in der Pfalzverwüstung 1688.
Im 19. Jh. fanden hier mehrmals politische Kundgebungen statt, deren bekannteste das Hambacher Fest am 28. Mai 1832 war. Aufgrund der Einschränkungen der Rechte der Pfalzbevölkerung trafen sich über

20000 national und liberal gesinnte Menschen auf dem Hambacher Schloss. Die Hauptforderungen der Redner waren Meinungsfreiheit, Bürgerrechte, nationale Einheit, eine Neuordnung Europas und religiöse Toleranz. Erstmals wurden in größerer Zahl schwarz-rotgoldene Fahnen mitgeführt Diese Farben waren in der Burschenschaftsbewegung sehr verbreitet. Sie symbolisierten das Streben nach Freiheit, Bürgerrechten und deutscher Einheit. Eine der originalen Fahnen ist im Plenarsaal des Rheinland-Pfälzischen Landtages im Mainzer Deutschhaus ausgestellt. Das Hambacher Fest ist aus heutiger Sicht ein wichtiger Schritt in Richtung freiheitliche Demokratie.

1842 machte man die Ruine dem bayerischen Kronprinzen Maximilian zum Geschenk, der die Architekten August von Voit und Friedrich Ziebland mit der Planung für den Ausbau als Wohnburg beauftragte. 1845/46 begann der Umbau mit wenig Rücksicht auf die historische Substanz. Das Projekt wurde aus Kostengründen jedoch ein Jahr nach Beginn wieder eingestellt.

Ab 1968 erfolgte ein Teilausbau der Ruine als Dokumentationszentrum zum Hambacher Fest. Aus Anlass des 175. Jahrestages dieser Kundgebung findet zurzeit wieder eine Umgestaltung der Innenräume statt. Außerdem entsteht ein neuer Eingangs- und Funktionsbereich.

Drei Ringmauern umfassen die stattliche, weithin sichtbare Ruine. Am deutlichsten zeigt sich der „Hohe Mantel" mit dem Rest des Bergfrieds an der Südseite. Im 19. Jh. entstanden auch die unteren Teile des Palas, der durch August von Voit stark überformt wurde und eine regelmäßige Befensterung mit großen Spitzbogenöffnungen erhielt. Das heutige Erscheinungsbild

Hambacher Schloss bei Neustadt

wird bestimmt vom nicht vollendeten Ausbau der Burg im 19. Jh., insbesondere vom winkelförmigen Palasgebäude und den Bauresten des Mittelalters, die zum Teil ebenfalls überformt bzw. reduziert wurden. Historische Bedeutung kommt dem Hambacher Schloss als Schauplatz des Hambacher Festes von 1832 zu.

Speyer, Gedächtniskirche und St. Joseph

Die beiden benachbarten Kirchen mit ihren hohen Kirchtürmen in der westlichen Vorstadt tragen zur Stadtsilhouette von Speyer bei. Gleichzeitig erinnern sie auch an Auseinandersetzungen zwischen den Konfessionen im 19. und frühen 20. Jh.
Auf dem Reichstag 1529 hatten die evangelischen Reichsstände – sechs Fürsten und vierzehn Städte – eine Protestationsschrift gegen den Beschluss der Mehrheit, die weitere Ausbreitung der Reformation zu verhindern, überreicht. Im Reichtagsabschied fand diese allerdings keine Berücksichtigung. Von da an nannten sich die Anhänger der reformatorischen Bewegung Protestanten.
In der Mitte des 19. Jhs. wurde in Speyer der Dom wiederhergestellt, begleitet von großem öffentlichem Interesse und unterstützt vom katholischen bayerischen König Ludwig I. Davon angeregt beschlossen die Protestanten in Speyer den Bau einer neuen Kirche zur Erinnerung und als Denkmal der Protestation von 1529. Die gesamte protestantische Welt wurde zu Spenden aufgerufen, denn dies sollte die Hauptkirche der protestantischen Christenheit werden, zu der „alle

Speyer, Gedächtniskirche und St. Joseph

Protestanten auf Erden die Bausteine liefern" sollten. Größe und künstlerische Gestaltung sollten mit dem katholischen Dom durchaus in Konkurrenz treten. Kaiser Wilhelm II. unterstützte das Projekt, Spenden aus ganz Europa und den USA gingen ein. So konnte 1890 der Grundstein gelegt werden.
Zwischen 1893 und 1904 wurde der Bau nach Plänen von Julius Flügge und Karl Nordtmann errichtet. Die dreischiffige Hallenkirche mit Querhaus in neugotischen Architekturformen ist ganz in Vogesensandstein gebaut, die Baudetails sind von höchster handwerklicher Qualität. Der 100 m hohe Turm ist der höchste in Speyer und überragt die Domtürme (80 m) deutlich. Mit seinem filigranen Maßwerk hebt er sich zugleich von den Türmen der anderen Kirchen ab. Auch das mit bunt glasierten Ziegeln gedeckte Dach setzt einen eigenen Akzent. Die Innenausstattung ist in ihrer Einheitlichkeit bemerkenswert, besonders die Glasfenster im Stil des Historismus, die den Zweiten Weltkrieg überlebt haben, sind ein besonderer Schatz. Ihre Themen – biblisch, kirchlich und auch protestantisch, bilden ein reiches, eher ungewöhnliches Programm.
Nur wenige Jahre später (1912–14) und ganz in der Nähe wurde die katholische Pfarrkirche St. Joseph nach Plänen des Mainzer Dombaumeisters Ludwig Becker gebaut. Der monumentale Bau setzt sich stilistisch bewusst von der Gedächtniskirche ab. Mit den hohen Chorflankentürmen mit geschweiften Hauben und den beiden kleinen Türmen seitlich der Giebelfassade ist auch diese Kirche stadtbildprägend.
Beide Kirchen liegen in der sog. Gilgenvorstadt. Hier war im Mittelalter die St. Ägidienkirche gegründet worden, das Gebiet war besiedelt und im Mittelalter ebenfalls von der Stadtbefestigung umgeben. Auf dem Platz vor der Gedächtniskirche stand einst das Gilgentor, einer der Stadteingänge an der Ausfallstraße nach Landau. Nach der Zerstörung im Dreißigjährigen Krieg baute man hier nicht mehr auf, da es aufgrund der dezimierten Bevölkerung keinen Bedarf an Wohnraum gab.
Erst mit dem wirtschaftlichen Aufschwung im 19. Jh. wurde die Vorstadt wieder zum Siedlungsgebiet. Es entstand eine kleinteilige, individuelle Bebauung durchsetzt mit Gärten, die sich vielfach bis heute erhalten hat. Beide Kirchen waren als Pfarrkirchen für diesen Bereich bestimmt.

Speyer, Dom und Umgebung

In den Jahrhunderten seines Bestehens blieb der Dom immer Wahrzeichen und Identifikationspunkt für Speyer. Leicht erhöht liegt er am östlichen Ende der Stadt zum Rhein hin. Von hier aus entwickelt sich fächerförmig die Bebauung, die Straßen führen auf ihn zu. Umfang, Grundriss, Straßenführung und Struktur, selbst Straßennamen der Altstadt lassen heute noch das mittelalterliche Stadtgefüge erahnen.
Obwohl seit dem 4. Jh. für Speyer ein Bischof bezeugt ist, ist es doch der Kaiser, der den Bau stiftete. Schon in karolingischer Zeit erfuhr die Stadt eine besondere Förderung durch Kaiser und Könige. Unter den Salierkaisern wird Speyer dann ein herrschaftliches Zentrum. Kaiser Konrad II. beginnt 1030 mit dem Bau eines neuen, gewaltigen Domes an der Stelle eines kleineren karolingischen Vorgängerbaus. Beim Tod des Stifters 1039 war er noch Baustelle, der Steinsarg wurde deshalb mit eisernen Bändern gesichert und dann beigesetzt. Unter seinen Nachfolgern wurde der Dom vollendet, aber auch verändert. Die dreischiffige, sehr lange Basilika mit ihren Turmgruppen aus jeweils drei Türmen im Osten und Westen ist das größte Bauwerk der romanischen Epoche in Deutschland. Der Dom entstand in einer Zeit der Auseinandersetzung zwischen Kaisertum und Papst als Demonstration weltlichen und kirchlichen Machtanspruchs des Kaisers. Als Grablege der salischen, dann der staufischen und auch noch der ersten habsburgischen Kaiser ist er Symbol kaiserlicher Größe.
Der große Stadtbrand 1689 im Zuge des pfälzischen Erbfolgekriegs zerstörte auch den Dom. Mehr als die Hälfte des Langhauses stürzte ein, infolgedessen mussten auch Teile des Westbaus abgetragen werden. Nach einer erneuten Verwüstung durch die Revolutionstruppen 1794 begann die Wiederherstellung im 19. Jh., für die sich König Ludwig I. von Bayern und Kaiser Franz I. von Österreich einsetzten. Durch die Rekonstruktion des Westbaus in neoromanischen Formen erhielt der Dom seine vieltürmige Silhouette wieder. Das um den Dom gelegene Gebiet der Domimmunität war ursprünglich bebaut. Nach den Zerstörungen wurde hier im 19. Jh. ein Garten im englischen Landschaftsstil angelegt, in den auch Teile der mittelalterlichen Stadtmauer miteinbezogen wurden. Seit dieser Zeit steht der Dom frei und wird in seiner ganzen Monumentalität erfahrbar.
Im Vorfeld des Stadtjubiläums 1990 wurde der Domplatz neu gestaltet. Die streng symmetrische Pflasterung strukturiert den ansonsten unregelmäßigen Platz, auf den die Hauptachse der Altstadt, die Maximilianstraße, mündet. Die Umbauung besteht vornehmlich aus repräsentativen Gebäuden des 18. und 19. Jhs.

Schon seit dem 11. Jh. gab es südwestlich des Domes eine jüdische Siedlung mit einer Männer- und einer Frauensynagoge. Die Gemeinde zählte mit denjenigen von Worms und Mainz zu den bedeutendsten in Europa. Die Mikwe, das unterirdische rituelle Bad der Zeit um 1100 hat die Zeiten überdauert, während die beiden Synagogen nach der Vertreibung der Juden im 16. Jh. als Arsenal genutzt wurden. Trotz der Zerstörung 1689 vermitteln die Ruinen nach ihrer Konservierung noch einen Eindruck der einstigen Bebauung.
Unweit des Domes am südlichen Rand der Altstadt wurde 1907–09 das Historische Museum der Pfalz errichtet. Die um einen Innenhof – heute modern überglast – gruppierte Vierflügelanlage besteht aus verschiedenen Architekturelementen. So erinnert der Eingang zwischen zwei Rundtürmen zum Dom hin an ein Stadttor, an der Südostecke steht ein mächtiger Rundturm, der die Assoziation eines Bergfrieds hervorruft. Gegenüber dem Museum steht das protestantische Konsistorium, im späten 19. Jh. erbaut in den repräsentativen Formen der Neorenaissance, um so die Unterscheidung von den Bauten der katholischen Kirche um den Domplatz deutlich zu machen.

Germersheim

Bereits in römischer Zeit gab es hier, auf dem linken Hochufer des Rheins ein Soldatenlager mit Namen „vicus Julius". Die Lage an wichtigen Straßen und am Rheinübergang führte dazu, dass die Entwicklung Germersheims lange Zeit von strategischen bzw. militärischen Überlegungen und entsprechenden Auswirkungen geprägt wurde. Im 11. Jh. ist der Ort erstmals urkundlich nachweisbar. 1276 verlieh Rudolf von Habsburg den Titel „Reichsstadt" mit den Rechten, wie sie die nahe gelegene Stadt Speyer hatte. Wahrscheinlich war bereits im frühen 11. Jh. eine Burg entstanden. Germersheim wurde durch Verpfändung kurpfälzisch. 1674 zerstörten die Franzosen die Stadt mitsamt der mittelalterlichen Befestigung.
1797–1801 bauten die Franzosen zum Schutz des Rheinübergangs Verschanzungen. Nach dem Übergang an Bayern aufgrund der Beschlüsse des Wiener Kongresses, stellte man Überlegungen zum Bau einer Bundesfestung an. Der bayerische König Ludwig I. beauftragte Major Friedrich Ritter von Schmauß mit dem Projekt, das von 1834 bis 1861 realisiert wurde. Obwohl das Ergebnis als „Perle der Festungsbaukunst" gelobt wurde, war die Festung Germersheim aufgrund der Entwicklung der Geschütztechnik zum Zeitpunkt ihrer Vollendung bereits veraltet. Gebaut hatte man eine Anlage nach der sog. Neupreußischen Befestigungsmanier, d.h. ein Grabensytem ohne tote Winkel. In einer Länge von 3,2 km umzog die Umwallung in sieben Hauptabschnitten, „Fronten" die Stadt. Innen wurde der Festungsgürtel durch Defensionskasernen verstärkt, nach außen gab es zehn Außenforts auf dem linken Rheinufer und drei weitere zum Schutz des Brückenkopfs auf der anderen Rheinseite. Beide Ufer verband eine Schiffsbrücke.
Mit den Festungsstätten Rastatt, Landau, Saarlouis und Luxemburg war Germersheim Teil der vorderen Verteidigungsfront gegen Frankreich, spielte aber bei kriegerischen Auseinandersetzungen keine Rolle. Den Bestimmungen des Versailler Vertrages zufolge wurde die Festung 1922/23 geschleift. Auf Bitten der Stadt blieben einige Teile als historische Zeugnisse erhalten, neben der Fronte Beckers und den beiden Toren vor allem die lang gestreckten Kasernen und Versorgungsbauten. Die Festung umschloss unter Ausnutzung der topographischen Gegebenheiten, die mittelalterliche Stadt im Norden (links) und die Erweiterungen des 18./19. Jhs. im Süden (rechts) mit regelmäßiger, klassizistisch geprägter Bebauungsstruktur.
Germersheim vermittelt bis heute den Charakter einer Festungsstadt des 19. Jhs. Im Bereich der Mauern und Wallanlagen entwickelte sich nach der Schleifung ein Grünzug; diese Linie markieren auch das Landauer und das Weißenburger Tor, qualitätvolle Bauten des Münchner Architekten Friedrich von Gärtner (1838). Die übrigen Bauten wie die Seysselkaserne im Vordergrund, Stadtkaserne bzw. Lazarett und Proviantamt, Zeughaus und Stengelkaserne zeigen schlichtes Ziegelmauerwerk, beeindrucken aber durch ihre Größe und – daraus resultierend – ihre städtebauliche Wirkung. Von besonderer Bedeutung ist die hufeisenförmige Fronte Beckers – linke untere Bildecke –, die einzige erhaltene Grabenwehr mit Geschützständen, Infanteriegalerie und Wall.
Nach dem Zweiten Weltkrieg, an dessen Ende die Eisenbahnbrücke über dem Rhein gesprengt wurde, entstand in ehemaligen Festungsbauten das angesehene Auslands- und Dolmetscherinstitut, heute ein Fachbereich der Universität Mainz. Amerikanische Streitkräfte wurden hier stationiert, ab 1957 auch Einheiten der Bundeswehr. Im Zuge der allgemeinen Entspannung spielt der Militärstandort Germersheim kaum noch eine Rolle. Man bemüht sich mittlerweile intensiv um sinnvolle Nachnutzungen für die freiwerdenden Militärbauten, um diese charakteristischen und für Germersheim wichtigen Zeugen der Festungszeit zu erhalten.

Germersheim

Landau, Festhalle

Das Zentrum von Landau spiegelt im Grundriss und auch in der Bebauung drei wichtige Abschnitte aus der Stadtbaugeschichte. Die Zeit des späten Mittelalters dokumentiert sich in der bürgerlichen Siedlung zu beiden Seiten der Markstraße und durch drei gotische Kirchen. Von der 1688–91 erbauten französischen Festung sind das deutsche und das französische Tor erhalten. Der Verlauf einiger Straßen entspricht früheren Mauerzügen und Strukturen der von Sebastien Vauban im Auftrag des französischen Königs Ludwig XIV. erbauten Idealfestung. In Form eines in die Länge gezogenen achteckigen Sterns umschloss der Festungsring die Stadt. Er verlief parallel vor der ähnlich geführten mittelalterlichen Stadtmauer. Im Zwischenraum entstanden Kasernen, Magazine und ein Hospitalbau. 1815 kam die Festung Landau an den deutschen Bund. Sie blieb Bundesfestung bis zur Schleifung nach dem deutsch-französischen Krieg 1870/71.

Eine konsequente Stadtplanung reagierte auf den Abbruch der Mauern mit dem Konzept eines Ringstraßensystems. Man nutzte die Gelegenheit, das ehemalige Wallgelände in großzügiger Weise zu bebauen. Hier entstanden repräsentative Wohn- und Geschäftshäuser, öffentliche Gebäude wie Finanzamt und Oberlandesgericht sowie – im Süden – die Marienkirche (1907–11). Gleichzeitig boten die gewonnen Freiflächen die Möglichkeit, öffentliche Parks anzulegen. So entstand im Südosten des ehemaligen Festungsrings 1890/91 in einem ehemaligen Überschwemmungskessel der Queich, die quer durch Landau fließt, der Ostpark mit einem großen Schwanenweiher. Am

Landau Festhalle

Rand dieses Parks steht eines der bedeutendsten Bauwerke des Jugendstils in Rheinland-Pfalz, die 1905–07 errichtete Festhalle. Einen von der Stadt ausgerichteten Wettbewerb hatte der Düsseldorfer Architekt Hermann Goerke mit einem monumentalen und zugleich vielgestaltigen Bau gewonnen. Das Mauerwerk besteht aus kräftig bossierten Quadern, die in gelbem, heimischem Sandstein gearbeitet sind. Dies gilt auch für die reiche bildhauerische Baudekoration. Aus dem biberschwanzgedeckten Satteldach schiebt sich ein mächtiger Bühnenturm; querschiffartig unterbrechen zwei Treppenhäuser den lang gestreckten Baukörper. Über dem Hauptportal steht die programmatische Innschrift: „Der Kunst eine Stätte, der Freude ein Tor, dem Stifter ein Denkmal, so rag ich empor". Der großherzige Stifter, dessen Namen die Öffentlichkeit erst nach seinem endgültigen Wegzug aus der Pfalz im Jahre 1925 erfuhr, war August Ludowici, der bis 1906 in den familieneigenen, weltbekannten Ziegelwerken in Jockgrim tätig war und später Leiter des deutschen Konsulats in Genf wurde.
1998–2002 wurde die Festhalle einer dringend notwendigen Generalsanierung unterzogen mit dem Ziel, den Bau technisch wieder funktionstüchtig zu machen, modernen Erfordernissen anzupassen und gleichzeitig die qualitätvolle Jugendstilausstattung unter späteren Verkleidungen freizulegen und zu restaurieren. Das Ergebnis überzeugt, auch im Hinblick auf die modernen Zutaten.
Bereits 1990/91 entstand, an die nördliche Schmalseite der Halle angebaut, ein großes modernes Hotel, das stark mit der historischen Festhalle kontrastiert. Zum Park hin reagiert das Hotel durch eine konkave Fassade auf die Konturen des Weihers. Das Luftbild zeigt den Ostpark mit Schwanenweiher, Festhalle und Hotel, eingebettet in die noch verhältnismäßig geschlossen erhaltene, gründerzeitliche Bebauung des ehemaligen Festungsgürtels von Landau.

Hayna bei Landau

Zu den in der südpfälzischen Rheinebene charakteristischen Siedlungsformen gehört das Straßendorf. An einer langen Straße stehen beidseitig die Gehöfte jeweils auf einem schmalen Grundstück. Die Häuser sind giebelständig zur Straße hin ausgerichtet. Es folgen die Wirtschaftsgebäude entlang eines außerordentlich schmalen Hofes, die zweite Längsseite bildet meistens die Wand des Nachbarhauses. Dahinter steht das quer gestellte Scheunengebäude. In früheren Zeiten folgten dann die langen schmalen Felder.
In Hayna hat sich dieses typische Dorfbild in bemerkenswert geschlossener Form erhalten, es ist nur wenig gestört. Eine Besonderheit, die Hayna von anderen Dörfern unterscheidet, sind die Tabakschuppen, die jeweils am Ende der Gehöfte, von diesen häufig durch einen Bauerngarten getrennt, aufgereiht sind.
Die Ursprünge von Hayna gehen bis in die Zeit um 1200 zurück. Das Dorf entstand als Rodungsdorf in den Wäldern des Bischofs von Speyer. Allerdings lässt sich dies nicht mehr an Baulichkeiten festmachen, die ältesten Häuser stammen aus dem 18. Jh. Die Abgaben, der „Zehnte", gingen an den Domkantor von Speyer als Zehntherrn. Während des Dreißigjährigen Krieges wurde Hayna zerstört, die Einwohner vertrieben. Durch die Reunionskriege und den anschließenden Frieden von Rijswijk kam Hayna zu Frankreich. So blieb dem Dorf die erneute Verwüstung im pfälzischen Erbfolgekrieg 1689 erspart, die weite Teile der Pfalz traf.
Der Ort begann im 18. Jh. aufzublühen, ersichtlich an der Zahl von Häusern aus dieser Zeit. Bevorzugt wurden Fachwerkhäuser gebaut, denn Hayna war in einer Rodung entstanden, Holz als Baumaterial war somit reichlich vorhanden. Wie an einer Perlenkette reihen sich die Häuser der Straße entlang. Das Fachwerk der meist zweistöckigen Häuser ist einfach gestaltet ohne aufwändige Zierformen. Nur die Breite des Hauses gibt Aufschluss über den Reichtum der Erbauer, weniger die Fassadengestaltung.
Trotz der Einheitlichkeit ist der südliche Ortsteil mit Kirche, Pfarrhaus, Schulhaus und einigen stattlichen Häusern das Zentrum. Pfarrhaus (1790) und Schulhaus (1822) waren die ersten in Stein errichteten Häuser, die ihrer Bedeutung gemäß traufständig zur Straße angeordnet sind. Auch die Kirche ist ein Steinbau, im frühen 19. Jh. in klassizistischen Formen entstanden. Sie hatte seit dem Mittelalter verschiedene Vorgängerbauten. Im Anschluss an das alte Straßendorf sind im Süden und im Norden Neubausiedlungen entstanden, die diese Siedlungsform nicht mehr weiter führen.
Das Dorfbild wird entscheidend mitbestimmt von zahlreichen hohen Tabakscheunen, die am Rand der Gehöfte zur Gemarkung stehen. Tabakanbau hat in der Pfalz eine lange Tradition. Zuerst als Heilpflanze, dann als Genussmittel fand er seit der Mitte des 17. Jhs. rasche Verbreitung. Aufgrund der klimatisch günstigen Bedingungen wurde in der Rheinebene Tabak in größeren Mengen angebaut. Hauptabnehmer war im 18. Jh. Frankreich. Zum Ende des 19. Jhs. und in den 30er Jahren des 20. Jhs. erreichte der pfälzische Tabakanbau seinen Höhepunkt. Auch heute noch wird auf den

Hayna bei Landau

Feldern um Hayna Tabak angebaut, allerdings gibt es nur noch wenige Vollerwerbsbetriebe. Die Ernte muss heute noch von Hand stattfinden, die Blätter werden je nach Reifegrad von der Pflanze gebrochen. Wesentlich für die Qualität ist danach der Trockenvorgang. Hierzu werden die Blätter auf Schnüre, sog. Bandeliere aufgefädelt, um sie in Trockenschuppen aufhängen zu können. Die Tabakschuppen bestehen aus einem Holzbau mit einem ausgeklügelten Klappensystem, sodass eine ausreichende Luftzirkulation gewährleistet ist. Im Inneren ist ein System von Holzstangen angebracht um eine größtmögliche Ausnutzung des Raumes zu erzielen. Hier werden die Bandelieren aufgehängt. Bis heute kann auf diese Weise besonders hochwertiger Tabak hergestellt werden, sodass die Tabakschuppen noch nicht ausgedient haben, wenn auch mittlerweile häufiger niedrige Folienschuppen zum Einsatz kommen.

Büchelberg im Bienwald

Ganz im Süden von Rheinland-Pfalz, an der Grenze zum Elsaß, liegt der Bienwald, ein geschlossenes Waldgebiet mit einer Fläche von rund 120 km². Über den Grenzfluss Lauter oder Wieslauter erstreckt sich der Wald wenige Kilometer auf französisches Gebiet. Zum Rhein hin, nach Osten grenzt er an das Hochufer, das die Orte Berg, Wörth, Hagenbach und Jockgrim besetzen, nach Norden schließen Ackerflächen an, der sog. Vieh-

strich; westlich endet der Bienwald vor den Bergen der Haardt bzw. der Nordvogesen. Auf den verhältnismäßig ebenen Sandböden wachsen Nadelhölzer wie Fichten und Kiefern, aber auch Laubbäume wie Buchen und Eichen. Der Name Bienwald leitet sich nicht ab von den Bienen sondern vom keltischen „Behe" oder „Beje", was einfach „Wald" bedeutet. Wenige, mit Ausnahme der Bundesstraße 9 untergeordnete Straßen erschließen den Bienwald. Umstritten ist der projektierte Bau einer Autobahn von Lauterburg/Elsaß nach Norden vor allem aus Gründen des Umweltschutzes.

Auf beiden Seiten der Lauter haben sich Überreste der Lauter- oder Weißenburger Linien erhalten, welche die Franzosen im spanischen Erbfolgekrieg 1706/07 durch zwangsverpflichtete Bauern bauen ließen, zum Schutz vor Angriffen aus dem Norden. Es handelte sich um Erdwälle mit Graben und Schanzen. Ein nicht unwichtiges historisches Ereignis war die Schlacht im Bienwald am 13. 8. 1793, in der ein österreichisches Heer die französischen Revolutionstruppen schlug und verhinderte, dass diese nach Mainz weiterzogen.

Einzige Siedlung im Bienwald ist Büchelberg, seit 1979 zu Wörth am Rhein eingemeindet. Das Dorf mit rund 900 Einwohnern liegt auf einer Rodungsinsel, umgeben von Wäldern und Wiesen. Entstanden ist dieser Ort als Kolonie 1692, als hier eine Siedlung für Steinhauer aus der Picardie angelegt wurde, die beim Bau der französischen Festung St. Louis bei Hagenau/Elsaß beschäftigt waren. Sie wurden hier mit Land- und Waldbesitz ausgestattet. An die ursprüngliche Abstammung mancher Büchelberger erinnern bis heute französische Familiennamen.

Im Zweiten Weltkrieg lag Büchelberg in der sog. „Roten Zone" und war somit Grenz- und Kampfgebiet. Hier verlief die Linie des Westwalls. Dreimal wurde das Dorf evakuiert. Bei Kriegsende waren nahezu alle Gebäude zerstört, weshalb man Überlegungen anstellte, den Ort ganz aufzugeben. Da die barocke Kirche den Krieg einigermaßen überstanden hatte, kam es doch zum Wiederaufbau, der durch Spenden von außerhalb unterstützt wurde. Heute spielen Wald- und Landwirtschaft, ebenso wie die Kalksteinvorkommen keine Rolle mehr. Die Büchelberger finden als Pendler Arbeit im 10 km entfernten Wörth oder im nahen Karlsruhe.

Im Gegensatz zu anderen Rodungsorten hat sich die Umgebung von Büchelberg seit seiner Entstehung kaum verändert. Erhalten blieb die charakteristische, dreieckige Rodungsinsel, in deren Mitte das Dorf liegt. Dichter Wald umgibt diese Oase von allen Seiten. Das Luftbild zeigt den Blick von Osten über Büchelberg in Richtung Pfälzer Wald.

PFÄLZER WALD / WESTPFALZ

Pfälzer Wald/Westpfalz

Zwei Elemente sind es, die den Pfälzer Wald prägen, die bis zu 500 m mächtigen Schichten des Buntsandsteins und – wie der Name schon sagt – der Wald. Es handelt sich bei dieser Kultur- und Naturlandschaft zwischen Rheinebene, Nordpfälzer Bergland und Westrich um das größte zusammenhängende Waldgebiet Deutschlands mit insgesamt 1770 km². Die Gesteinsschichten bildeten sich vor über 200 Millionen Jahren. Hinzu kamen vor knapp 50 Millionen Jahren die Bewegungen der Erdkruste und schließlich Abtragung sowie Formenbildung seit der Entwicklung des heutigen Gewässernetzes in der jüngeren geologischen Vergangenheit. Die Folge sind unterschiedliche Varietäten, Farben und Qualitäten des Buntsandsteins. Bizarre Verwitterungsformen führten zu fantasievollen Namen und wurden erklärt durch Sagen, die geheimnisvolle Kräfte oder sogar den Teufel für die Felsgebilde verantwortlich machten. Die Vegetation des Pfälzer Waldes ist nicht so einheitlich, wie es zunächst den Anschein hat. Im zentralen und westlichen Bereich dominieren Laubbäume, in den östlichen Teilen Nadelbäume. Das Gebiet ist verhältnismäßig dünn besiedelt.

Die westliche Pfalz wird gebildet vom Nordpfälzer Bergland, um und westlich des Donnersbergs, eine eher waldarme Gegend, und dem Westrich mit dem Westricher Bergland, der Niederung des Landstuhler Bruchs und der Sickinger Höhe, Teil der Westricher Hochfläche. Auch hier wechseln Felder, Wiesen und Wald einander ab. Im Gegensatz zum Pfälzer Wald gibt es hier Gesteine vulkanischen Ursprungs, Kalksteine und Sedimente.

Obermoschel

Obermoschel

An der alten Verbindungsstraße zwischen Alsenz- und Glantal liegt Obermoschel, eine der kleinsten Städte in Rheinland-Pfalz. Der Ort wird überragt vom Schlossberg mit der Ruine der Burg Landsberg oder Moschellandsburg. Die erste Erwähnung der wahrscheinlich frühmittelalterlichen Gründung findet sich 1112 in einer Urkunde des Klosters Disibodenberg. Obermoschel war Wormser Lehen der Veldenzer Grafen, ab 1444 kam die Stadt an Pfalz – Zweibrücken. Nach der Verleihung der Stadtrechte 1349 wurde Obermoschel befestigt. Gefördert durch die Herzöge entwickelte sich der Silber- und Quecksilberbergbau im 15./16. und – nach einem Rückgang durch die Kriege des 17. Jhs. – wieder im 18. Jh.

Deutlich ist im Luftbild der historische, einst ummauerte rechteckige Ortskern zu sehen. Hier stehen die beiden Kirchen, die neugotische, katholische mit einem sehr schlanken Turm und die frühklassizistische, evangelische Kirche aus dem späten 18. Jh. Auch das Rathaus von 1510/12, die winkelförmige Amtskellerei aus dem 18. Jh. und das 1552 erbaute Bernsteinsche Schloss liegen im alten Ortsbereich. Straßen und Plätze werden geprägt durch zahlreiche bis in das 16. Jh. zurückreichende Ackerbürgerhäuser, manche mit Fachwerkobergeschoss. Rote Ziegeldächer bestimmen die Dachlandschaft. Das Bild der typischen Kleinstadt ergänzen die Bauten des ehemaligen Finanzamtes und des Amtsgerichtes mit dem alten Gefängnis außerhalb des Kernbereichs (im Bild rechts).

Die Burg Landsberg über der Stadt, die seit dem 15. Jh. dem Schutz des Bergbaus diente, reicht in ihren Anfängen möglicherweise bis in das 10. Jh. zurück. Sie war regelmäßiger Aufenthaltsort der Zweibrücker Herzöge, welche die Anlage ausbauten und verstärkten. Nach Plünderungen im Dreißigjährigen Krieg wurde die Burg 1693 von den Franzosen zerstört. Von der Oberburg haben sich Teile des Bergfrieds, der Ringmauer sowie einer Schildmauer erhalten. In der Unter- oder Vorburg gibt es Reste von Wirtschaftsgebäuden, einer Mühle und verschiedene Mauerzüge. Auch als Ruine vermittelt die Moschellandsburg noch die verschiedenen Elemente der Burgenbaukunst vom Mittelalter bis in die Neuzeit.

Donnersberg

Steil ragt der Donnersberg aus dem ihn umgebenden Hügelland auf. Vor etwa 290 Millionen Jahren drang zähflüssiges Magma, Rhyolith genannt, bis dicht an die Erdoberfläche und bildete eine mächtige Kuppel. Durch Erosion wurden Deckgesteine abgetragen und der Donnersberg entstand in seiner heutigen Form. Sein Name stammt vom germanischen Gott Donar, Herr des Donners, ab und wird im 9. Jh. zum ersten Mal erwähnt. Mit 687 m ist der Donnersberg die höchste Erhebung in der Pfalz. Das Felsmassiv ist durch Kuppen und Hügelzüge stark zerklüftet und gegliedert, eine geschlossene Waldfläche, meist Buchenwald, grenzt es von der umliegenden Gegend ab. Flurnamen wie Gebrannter Berg oder Mordkammer zeugen von abenteuerlichen Vorstellungen, die man mit dem Berg verband.

Das Plateau war im 2.–1. Jh. v.Chr. mit einem keltischen Oppidum besiedelt. Eine Ringwallanlage, mit 8,5 km Länge und einem umschlossenen Gebiet von 240 ha die größte in Mitteleuropa, zog sich um das Massiv, das ohnehin eine natürliche Festung bildete. Der Ringwall bestand aus einer 4 m hohen Mauer aus anstehendem Gestein in unterschiedlicher Bauweise errichtet, zum Teil mit hölzernen Trägerpfosten mit Querbalken als Stützwerk. Dahinter war eine breite Rampe aufgeschüttet. An einigen Stellen lag ein Graben vor der Mauer. Mehrere Tore führten in die Stadt. Keltische Oppida waren zentrale Orte einer Stammesgruppe – hier der Treverer – die Versammlungshallen, große Gehöfte des Adels, Siedlungen von Handwerkern aber auch Kultplätze dort errichteten. Diese Bauten waren ausschließlich aus Holz errichtet, im harten Rhyolithgestein des Donnersbergs haben sich davon keine Spuren erhalten. Allerdings geben Streufunde wie Keramik, Geräte, Schmuck und Waffen Aufschluss über die Bevölkerungsstruktur. Münzfunde deuten auf eine Münzprägestelle und damit auch auf ein Handelszentrum hin. Die Kelten räumten irgendwann im 1. Jh. v.Chr. friedlich den Berg, die Gebäude verfielen schnell, der Donnersberg verlor seine Mittelpunktfunktion, da die Zentren in neue Siedlungen verlagert wurden.

Erst im Mittelalter wurde auf dem Donnersberg wieder bescheiden gebaut. Seit dem 13. Jh. existierte eine Wallfahrtskapelle, an deren Stelle im 14. Jh. ein Paulinerkloster gegründet wurde. Nach dem das Kloster verlassen worden war, wurden die Gebäude seit dem 16. Jh. als Jagdhaus genutzt. Aber die Einsamkeit und Unwirtlichkeit des Gebietes führte dazu, dass auch dieses

Donnersberg

bald dem Verfall preisgegeben wurde. Ein besonderes Denkmal setzte Napoleon dem so eindrucksvollen Berg, indem er das linksrheinische Departement Mont Tonnere (Donnersberg) nannte.
Im 19. Jh. erschloss man den Donnersberg für Besucher. Ein Aussichtsturm, zu Ehren des bayerischen Königs Ludwig II. Ludwigsturm genannt, ermöglicht eine weite Sicht in die Ebene bis hin zu Odenwald und Taunus. Heute ist der schlanke, 205 m hohe Fernsehturm, 1961/62 errichtet, das Wahrzeichen des Donnersbergs.
Zu Füßen des Bergs breitet sich der Ort Dannenfels aus. Er entstand durch Rodungen wohl im 13. Jh. unterhalb der gleichnamigen Burg. Kurzzeitig mit einem Stadtrechtsprivileg ausgestattet verliert Dannenfels schnell wieder an Bedeutung, da Kirchheimbolanden Residenzstadt wird. Die folgenden Jahrhunderte sind geprägt von zahlreichen Besitzwechseln und Verpfändungen. Nach der Zerstörung im Dreißigjährigen Krieg wird der Ort weit abgerückt von der schon früher aufgegebenen Burg neu angelegt. Bäuerliche Hofanlagen des 18.–20. Jhs. bestimmen das Ortsbild, dessen Mittelpunkt die schlichte Pfarrkirche des 17. Jhs. ist. Von hier aus ist der beste Zugang zum nördlichen Teil des Donnersbergs.

Otterberg

In einem Tal des Pfälzer Waldes abseits der großen Verkehrswege liegt Otterstadt, eine der „Klosterstädte" der Pfalz. Im 12. Jh. gründeten hier Zisterziensermönche aus Kloster Eberbach im Rheingau ein neues Kloster. Ein Graf von Kesselberg hatte dem Kloster die alte Otterburg, von der keine baulichen Reste mehr existieren, mit der Burgkapelle geschenkt. Schon nach kurzer Zeit siedelten die Mönche in das darunter liegende Tal um. Die Otterburg war offensichtlich so unwirtlich, dass sie die hl. Hildegard von Bingen um Rat gefragt hatten. An der neuen Stelle errichteten sie eine Klosterkirche mit den dazugehörigen Konventsgebäuden. Im 12. Jh. hatte sich der Zisterzienserorden außerordentlich schnell verbreitet. Für die Anlage neuer Klöster wurden strenge Baubestimmungen erlassen. Auch die Otterberger Mönche hielten sich daran. So sollten die Klöster an einem entlegenen Ort errichtet werden. Die Kirchenbauten durften keine Glockentürme haben, es durften keine Bilder oder Skulpturen angebracht werden, die Glasfenster sollten weiß und ohne Bilder sein. Die Otterberger Klosterkirche wurde nach diesen Regeln gebaut. Die dreischiffige Basilika mit Querschiff und quadratischem Chor war 1254 vollendet. Ein kleiner Dachreiter sitzt auf dem Kreuzungspunkt zwischen Querhaus und Chor. Der Bau besticht durch seine klare Gliederung ohne großen Zierrat. Die Fenster strukturieren den Bau, am Obergaden des Langhauses liegen jeweils zwei schlichte Rundbogenfenster eng beisammen, in den Seitenschiffen haben die Fenster etwa gleichem Abstand. Nur die Westfassade ziert über dem Portal eine große Fensterrose. Das Material, einheimischer hellgelber Sandstein, ist sorgfältig zu großen Quadern behauen und zusammengefügt. Lage, Bauform und Bauweise lassen die Klosterkirche zu einem charakteristischen Beispiel zisterziensischer Architektur werden.

Otterberg

Schon bald war Otterberg ein blühendes Kloster mit zahlreichen Besitzungen. Aber schon während der Bauernkriege wurde durch Überfalle großer Schaden angerichtet. Das Ende des Klosters kam 1561, als das Kloster aufgelöst wurde, nachdem der reformierte Glaube in der Pfalz eingeführt worden war. Noch im 16. Jh. siedelte Pfalzgraf Johann Casimir hier Wallonen aus Nordfrankreich und Belgien an, die wegen ihres Glaubens – sie waren Reformierte – aus ihrer Heimat flüchten mussten. Etwa 100 Familien, meist Handwerker, Tuchmacher und Färber wurden in den Klostergebäuden untergebracht, die man durch Um- und Neubauten den Bedürfnissen anpasste. Durch diesen Nutzungswechsel haben sich von den Klosterbauten heute nur noch spärliche Reste erhalten. Die einst dem Kloster gehörenden Äcker und Wiesen wurden den Zugewanderten überlassen. Eine Verordnung, die sog. Kapitulation, regelte das Zusammenleben. Dies war die Gründung der Gemeinde Otterberg.
Die Klosterkirche wurde den Wallonen überlassen. Durch den Dreißigjährigen Krieg und dann 1689 durch die Truppen Ludwig XIV. siedelten sich auch Katholiken und Deutsch-Reformierte an. Das Gemeindeleben gestaltete sich dadurch nicht immer einfach. So wurde 1705 die Kirche geteilt, eine Mauer zwischen Mittelschiff und Chor und Querhaus eingezogen. Den Chorbereich erhielten die Katholiken, das Langhaus die Wallonen und Deutsch-Reformierten. Erst bei der großen Renovierung 1980 wurde die Mauer wieder entfernt. Seither ist der Kirchenraum wieder in seiner großartigen Wirkung erfahrbar.
Das Stadtbild mit der dominierenden Klosterkirche hat sich bis heute erhalten. Das barocke Rathaus, 1753 erbaut, südwestlich der Klosterkirche fällt durch sein Mansarddach und den zweigeschossigen Dachreiter im Straßenbild auf.

Ramstein Air Base

Erst am 5. April 1951 wurden Ramstein–Miesenbach die Stadtrechte verliehen. Der Ort mit insgesamt 24.000 Einwohnern, 8.850 Ortseinwohner und 16.000 Amerikanische Soldaten mit ihren Familien, gehört zu den international bekanntesten Orten in Deutschland. Diesen hohen Bekanntheitsgrad hat Ramstein der Ansiedlung der US-Luftwaffe in der Nähe des Doppelortes zu verdanken.
Schon während des Zweiten Weltkrieges nutzte die deutsche Luftwaffe eine Autobahn nahe dem Dorf Ramstein als Piste. 1945 wurde das Gelände von US-Streitkräften beschlagnahmt und seit April 1951 systematisch von Amerikanern und Franzosen, in deren Besatzungszone Ramstein lag, erweitert und ausgebaut. 1957 erhielt die militärische Anlage ihren endgültigen Namen: Ramstein Air Base. Zunächst waren hier nur Kampfflugzeuge stationiert, später entwickelte sich der Militärflugplatz zu einem Dreh- und Angelpunkt für Fracht- und Truppentransporte. Im Jahre 1973 wurde das Hauptquartier der United States Air Forces in Europe (USAFE) von Wiesbaden-Erbenheim nach Ramstein verlegt. Bis 2005 lagerten die Amerikaner hier auch nukleare Waffen. Seit 1994 sind keine Kampfflugzeuge mehr stationiert. Heute dient der Militärflughafen vorwiegend als Umschlagplatz für Lufttransporte, Ein- und Ausreise amerikanischer Soldaten und ihrer Angehörigen finden hier statt, verletzte Soldaten aus arabischen Kampfgebieten werden hier erstversorgt, bevor sie ins nahe gelegene amerikanische Militärkrankenhaus Landstuhl Regional Medical Center gebracht werden.
Knapp 1400 ha umfasst die ganze Anlage heute. Sie hat sich zum größten Stützpunkt der US-Luftwaffe in Europa entwickelt. Wie auf dem Luftbild zu sehen ist, gibt es zwei Start- und Landebahnen von 3200 bzw. 2830 m Länge. Der nächstgelegen Ort ist Ramstein, ca. 1 km von der Militärbasis entfernt. Im Hintergrund des Bildes kann man Kaiserslautern erkennen.
Seit dem Ende des Zweiten Weltkriegs gehört Ramstein Air Base zu den wichtigsten und größten Arbeitgebern der Region Westpfalz. Dort sind 35.000 Militärangehörige und 6.000 Zivilisten beschäftigt. Insgesamt werden ca. 10% der Regionsfläche direkt (Depots, Lager, Kasernen etc.) und indirekt (militärischer Schutzbereich usw.) genutzt. Dadurch hat sich im Laufe der Zeit eine wirtschaftliche Abhängigkeit ergeben. Diese Monostruktur hat nach der Truppenreduzierung in anderen Bereichen zu wirtschaftlichen Problemen geführt, denn aufgrund von Einschränkungen und Bestimmungen, z.B. in festgelegten Schutzbereichen, hatte eine Region kaum die Möglichkeit sich frei zu entfalten und eigene Wirtschaftszweige aufzubauen. Für Ramstein gilt dies nicht in diesem Maße, denn in Folge von Umlagerung und Umstrukturierung wird die Air Base ständig ausgebaut und erneuert: so kamen neue Verwaltungsbauten hinzu, ein Passagierterminal und ein Frachtterminal.
Die Entwicklung der Ramstein Air Base wurde am 28. August 1988 von einem schweren Unglück bei der jährlich stattfindenden Flugschau überschattet. Drei Maschinen kollidierten, eine stürzte in die riesige Zuschauermenge, wobei 70 Menschen ums Leben kamen und Hunderte zum Teil schwer verletzt wurden.
Die Ramstein Air Base ist der wichtigste Arbeitgeber der Region. Das riesige, von Wald umgebene Areal ist längst Teil der Westpfälzer Landschaft geworden. J.G.

Kaiserslautern

Das Luftbild – aus östlicher Richtung aufgenommen – zeigt die gesamte Ausdehnung und Lage der Großstadt Kaiserslautern in der Westpfalz. Schon in vorgeschichtlicher Zeit verliefen hier Verkehrswege zwischen Rhein und Saar, seit römischer Zeit Fernstraßen von Paris – Metz nach Mainz oder Worms bzw. nach Trier und Kreuznach. Der Schnittpunkt dieser Straßen in einer Senke, dem Kaiserslauterer Becken, war Anlass für die Entstehung einer Siedlung zu beiden Seiten der Lauter. Keimzelle war ein fränkischer, Anfang des 9.Jhs erwähnter Königshof „Lutra" (= Lauter). Auf zwei trockenen Felsplatten an der Lauter lagen mehrere Wirtschaftshöfe. Neben diesem Königshof entstand eine Burg und unter Kaiser Friedrich Barbarossa um die Mitte des 12. Jhs. die Pfalz, welche nach mehreren Umbauphasen dann um 1560/70 in ein Schloss des Pfalzgrafen Johann Casimir einbezogen wurde. Reste der 1703 durch die Franzosen gesprengten Anlagen sind in der Nähe des Rathauses noch erhalten.
Kaiserslautern wurde 1276 zur Reichsstadt erhoben und 1375 an Kurpfalz verpfändet. Erhebliche Zerstörungen erlitt die Stadt im Dreißigjährigen Krieg, von denen sie sich erst langsam wieder erholte. Bis ins frühe 19. Jh. hatte sich Kaiserslautern kaum über den mittelalterlichen Mauerring, in den der Burg- und Schlossbereich einbezogen war, erweitert. Erst im

Zuge der Industrialisierung ab der Mitte des 19. Jhs. erweiterte sich die Stadt über die alte Umgrenzung hinaus. Im Zweiten Weltkrieg wurden 70% der Innenstadt und der Industriegebiete zerstört. Ein schneller Wiederaufbau und die Entstehung der größten Nato-Garnison Europas bestimmten die Entwicklung. 1970 erfolgte die Gründung der Universität. Nach wie vor prägen zahlreiche Kirchenbauten vom Mittelalter bis zur Gegenwart das Stadtbild. Es gibt verhältnismäßig viele Schulen und bemerkenswerte gründerzeitliche Bauten sowie Stadtquartiere der 1920er Jahre.

Auch aus großer Entfernung auszumachen ist das Rathaus von Kaiserslautern, das 1968 im historischen Kern unweit der Kaiserpfalz nach Plänen des Architekten Roland Ostertag gebaut wurde. Als 24geschossiges Hochhaus ist es städtebauliche Dominante und Mittelpunkt der Stadt zugleich.

Im Bild links erkennt man den Nordrand des Pfälzer Waldes, dessen Anhöhen die Besiedlung längst erreicht hat. Hier liegt – auf dem Betzenberg – das Stadion des traditionsreichen Fußballvereins 1. FC Kaiserslautern. Unterhalb sind die alten Stadtviertel zu sehen, eine lang gestreckte ovale Fläche, die von Straßen bzw. der 1850 angelegten Eisenbahn umschrieben wird. Im Bildhintergrund, von Nebelschwaden verhüllt, erstreckt sich das Landstuhler Bruch mit der Ramstein Air Base. Den Vordergrund füllt der Stadtwald mit mehreren großen Kasernen, darunter die markante regelmäßige Anlage der 1913/14 erbauten bayerischen Kleber-Kaserne mit großem Hof und Torturm in Richtung Stadt. Nördlich – rechts davon – liegt der ab 1873 belegte Hauptfriedhof am Kahlenberg, der als große rechteckige Fläche heute in den Stadtwald übergeht und nach dort erweitert wurde. Seit 1912 wurde er als Waldfriedhof gestaltet.

Das Luftbild vermittelt anschaulich die Lage der Stadt Kaiserslautern in der Landschaft und zugleich die städtebauliche Entwicklung. Wohn- und Industriegebiete sowie militärisch genutzte Flächen entstanden dort, wo es die landschaftlichen Gegebenheiten zuließen. Gleichzeitig schieben sich Gewerbeflächen und Wohnsiedlungen in die Waldgebiete oder sind von Wald durchsetzt, wodurch die Peripherie der Stadt stark aufgelockert wird.

Kaiserslautern

Burg Lichtenberg bei Kusel

Mitten im Westpfälzer Bergland erstreckt sich auf einem lang gezogenen Bergrücken Burg Lichtenberg. Mit 425 m ist sie die größte Burganlage der Pfalz. Das nach allen Seiten steil abfallende Gelände bot einen natürlichen Schutz. Nur nach Osten musste die Burg stärker befestigt werden. Drei Bereiche lassen sich unterscheiden, die Oberburg mit ihren besser erhaltenen Bauten, der „Zwischenraum" mit der Kirche und die Unterburg.

Der Baubeginn lag im frühen 13. Jh. Damals begann der Graf von Veldenz, Schutzvogt der Propstei Remigiusberg auf einem dem Kloster gehörenden Gelände mit dem Bau eines Palas, Wirtschaftsgebäuden und einer Burgkapelle im Bereich der Unterburg. Ein Bergfried und eine Schildmauer schützten die Unterburg nach Osten. Eine Umfassungsmauer, von der noch große Teile erhalten sind umgab diese erste Burg auf dem Lichtenberg. Von den anderen Bauten existieren nur noch geringe Reste.

Die Oberburg wurde später – etwa 1270 – begonnen. Zuerst entstand auf dem höchsten Punkt der Bergfried, dann um ihn herum der innere Burghof mit Palas und Wirtschaftsgebäuden. Um 1300 standen sich zwei völlig eigenständige Burgen gegenüber, die größere Unterburg und die deutlich kleinere Oberburg. Bei einer Erweiterung im 14. Jh. entstand der östliche Palas auf der Oberburg, dessen beide noch aufrecht stehenden Giebelwände heute noch das Bild der Burg prägen. In diesem einstmals prächtigsten Gebäude befand sich der Rittersaal, der das gesamte Erdgeschoss einnahm und mit einem großen offenen Kamin beheizt wurde. Eine Altarnische deutet daraufhin, dass hier auch Gottesdienste stattfanden. Der an den Palas anschließende halbrunde Turm wurde, nachdem er nicht mehr zu Verteidigungszwecken genutzt werden konnte, als Rossmühle eingerichtet. Pferde trieben hier eine Mühle an.

Im 15. Jh. fasste man beide Burgen zusammen und ver-

Burg Lichtenberg

band die Umfassungsmauern. Durch Erbschaft war die Burg an das Herzogtum Pfalz–Zweibrücken gekommen, sie diente nun als Verwaltungssitz, aber auch als Aufenthaltsort der herzoglichen Familie. Noch einmal verstärkte man die Verteidigungsanlagen im Dreißigjährigen Krieg, als der Ansturm der Spanier zu befürchten war. Damals entstand der hufeisenförmige Turm ganz im Osten.
Auch im 18. Jh. wurden weitere Gebäude errichtet, so die Zehntscheune und die evangelische Kirche im „Zwischenraum". Die sog. Landschreiberei wurde auf den Grundmauern eines älteren Gebäudes gebaut. Sie war das einzige Gebäude, das den Brand 1799 überstand, der die übrige Burg in Schutt und Asche legte.
Eine Episode in der Burggeschichte war die Zeit, als Burg Lichtenberg nach dem Wiener Kongress an das Herzogtum Sachsen–Coburg–Gotha übergeben wurde und man daraus das Fürstentum Lichtenberg machte. Nach knapp 20 Jahren verkauften die Coburger ihr Fürstentum allerdings schon wieder an Preußen.
Die Burg verfiel und es siedelten sich auf dem Gelände neue Bewohner an, Handwerker, die kleine Häuser bauten. So entstand ein ganzes Dorf mit zeitweise über 100 Einwohnern: Burglichtenberg. Erst gegen Ende des 19. Jhs. erkannte man den Wert der Ruine, sie wurde unter Denkmalschutz gestellt und der Wiederaufbau konnte beginnen. So wurde die Zehntscheune vollständig erneuert, heute ist hier das Musikantenlandmuseum eingerichtet. An der Südflanke im Anschluss an die Landschreiberei entstand eine Jugendherberge. 1998 wurde im „Zwischenraum" der moderne, sehr flache Bau des Geoskops, eines erdgeschichtlichen Museums, errichtet.

Remigiusberg bei Kusel

Das im Nebel aufgenommene Bild gibt den Blick frei auf zwei Bergkuppen mit mittelalterlichen Baudenkmälern, die ehemalige Benediktinerpropsteikirche und die Ruine der Michelsburg. Vom Patron der Kirche, dem heiligen Remigius, hat auch der Berg über Haschbach südwestlich der Kreisstadt Kusel seinen Namen. Remigius wurde um 440 geboren und schon mit 22 Jahren zum Bischof von Reims ernannt. Der Christianisierung der Franken widmete er sich in besonderem Maße. So soll er auch der Überlieferung nach am Weihnachtsfest 496 den Frankenkönig Chlodwig aus dem Geschlecht der Merowinger getauft haben. Nach seinem Tod 534 wurde er im Kloster St. Remy in Reims beigesetzt. Einer der Nachfolger Chlodwigs schenkte im 7. Jh. das Gelände des Berges sowie weiteren Besitz dem Kloster St. Remy. Die einsam gelegene Benediktinerpropstei wurde 1124 gegründet. Sie war Mittelpunkt des sogenannten Remigiuslandes. Schutzvögte waren die Grafen von Veldenz, ab 1444 die Herzöge von Zweibrücken. Im Zuge der Einführung der Reformation wurde die Propstei aufgehoben und 1552 vom Mutterkloster St. Remy in Reims an Pfalzgraf Rupprecht von Pfalz–Veldenz verkauft. Die Kirche war Grablege der Pfalz–Veldenzer und Filialkirche der Lutherischen Pfarrei Theisbergstegen, bis sie 1724 wieder den Katholiken übergeben wurde. Nachdem die Propstei die Kriege des 17. Jhs. unbeschadet überstanden hatte, begannen Soldaten der französischen Revolutionstruppen den Bau abzubrechen. Durch die Erklärung der Kirche zum französischen Nationalgut, konnten dann doch wesentliche Teile gerettet werden.
Vom romanischen Gründungsbau sind drei Joche des Mittelschiffs mit vermauerten Seitenschiffsarkaden erhalten, ebenso die Vierung, der Chor und der Turm, dessen Glockengeschoss mit der verschieferten Haube aus dem 18. Jh. stammt. Die Mittelschiffsarkaden wurden ebenso wie die seitlichen Vierungsbögen vermauert, nachdem die Seitenschiffe abgetragen worden waren. Aus der Zeit des 13. Jhs. stammen die Westfassade und der Chor, sowie die gotischen Fenster in den Vierungsbögen.
In der Kirche hat sich der Grabstein des Friedrich von Veldenz (gestorben 1327) erhalten, ebenso Teile des spätgotischen Lettners. Die Gebäude der Propstei sind nicht erhalten. Möglicherweise stecken Reste im südlich an den Chor angebauten ehemaligen Pfarrhaus.
Östlich der Propstei steht die Michelsburg auf dem höchsten Punkt des Bergsporns. Nur wenige Ruinen sind erhalten, weshalb das ursprüngliche Aussehen der Burg nicht mehr ermittelt werden kann. Nach Osten hin steht noch ein Rest der Schildmauer, wohl aus dem 14. Jh. Eine kleine Öffnung ermöglichte den Blick zur Deinsburg bei Theisbergstegen, die jedoch nicht erhalten ist. Die Michelsburg war geschützt durch kleine Halsgräben, soweit nicht das Gelände steil abfiel, wie an der Südseite. Die Burg gehörte den Grafen von Veldenz, die das Vogteirecht über den Remigiusberg hatten. Ihre Aufgabe war der Schutz der Propstei. Im pfälzischen Erbfolgekrieg 1689 wurde die Anlage zerstört. Im 18. Jh. kam sie an die Kurpfalz.
Propsteikirche und Burgruine ergeben ein durchaus romantisches Ensemble in den Bergen der Westpfalz. Sie vermitteln anschaulich Geschichte. So kann man vor allem an der Langhausmauer der Kirche und den übrigen Bauteilen Zerstörung, Wiederherstellung und Bauphasen ablesen.

Zweibrücken

Remigiusberg

Die Innenstadt von Zweibrücken spiegelt das Schicksal einer Stadt wider, die eine lange, zum Teil glanzvolle Zeit als Residenzstadt der Herzöge von Pfalz–Zweibrücken hatte. Im 2. Weltkrieg wurde sie fast vollständig zerstört. Nur der Schlossbau und die drei ihn umgebenden Kirchen wurden in ihren Grundformen wieder aufgebaut. Das Stadtviertel entstand, wenn auch am alten Stadtgrundriss orientiert, völlig neu, die Geschichte hat hier kaum Spuren hinterlassen.
Am Zufluss des Hornbachs in den Schwarzbach entstand im 12. Jh. eine Burg der Grafen von Zweibrücken. Ihren Namen erhielt die dazu gehörige Siedlung von den beiden Brücken, die über die Arme des Schwarzbachs führten. Die feuchte Talaue war kein günstiges Siedlungsgebiet, strategische Gründe gaben den Ausschlag, denn die Grafen wollten ihre Vogtei über Kloster Hornbach sichern. Die Geschichte Zweibrückens im Mittelalter ist bestimmt von ständigen finanziellen Schwierigkeiten der Landesherrn, die zu Verpfändungen und schließlich zum Verkauf im 14. Jh. an die Kurpfalz führten. Durch Erbteilung entstand im 15. Jh. das Herzogtum Pfalz–Zweibrücken, von da an begann eine wirtschaftliche Erholungsphase.
Mit dem Bau der Alexander-Kirche (ursprünglich Marienkirche) – im Bild vorne – als Pfarr- und Residenzkirche ab 1493 legte Herzog Alexander den Grundstein zur Residenzstadt. Mit ihren reichen spätgotischen Architekturformen gehörte die Hallenkirche zu den qualitätvollsten Bauten dieser Zeit in der Pfalz. Nach der fast vollständigen Zerstörung im 2. Weltkrieg wurde der Bau in sehr vereinfachten Formen wiederaufgebaut, wobei er seine äußere Gestalt mit dem breiten Dach wieder erhielt.
Als die mittelalterliche Burg im 16. Jh. zum Residenzschloss umgebaut wurde, hatte Zweibrücken seine erste Blütezeit. Im Dreißigjährigen Krieg und wenig später durch die Franzosen erlitt die Stadt einige Schä-

den. Seit 1654 regierte in Schweden ein Zweig des Herzoghauses Pfalz–Zweibrücken, sodass nach dem Frieden von Rijswijk das Gebiet an den schwedischen König Karl XII. zurückgegeben wurde. Während der schwedischen Zeit erlebte die Stadt ihre zweite Blüte. Ein großzügiger Ausbau begann. Nicht nur ein schwedischer Statthalter, sondern auch der schwedische Architekt J.E. Sundahl prägten diese Epoche. Der König stiftete 1708 für die lutherische Gemeinde die nach ihm benannte Karlskirche – am linken Bildrand. Der achteckige Saalbau mit hohem Walmdach und dem schlanken Turm mit der geschweiften Haube wurde nach der Zerstörung im 2. Weltkrieg im Außenbau mit seinen schlichten barocken Formen wiederhergestellt. Nach dem Aussterben der schwedischen Linie setzte sich unter den Herzögen der Linie Birkenfeld im 18. Jh. die Entwicklung fort. Aus Zweibrücken wurde eine barocke Residenzstadt nach dem Vorbild des französischen Hofes. Herzog Christian IV. förderte Musik, Theater und Kunst. Mit der „Herzogsvorstadt" entstand nördlich der Altstadt ein neues Viertel nach einer einheitlichen Planung. Von diesen Häusern haben sich um den Herzogplatz einige erhalten, sie dienen der städtischen Verwaltung u. a. als Rathaus.

Auch ein neues Residenzschloss wurde ab 1720 nach Plänen von J.E. Sundahl errichtet, nachdem die alte Schlossanlage 1677 fast vollständig zerstört worden war. Der mächtige Bau mit einem Mittelrisalit und zwei Eckrisaliten dominiert heute wieder die Stadtmitte, davor breitet sich der trapezförmige frühere Schlosshof aus. Nach der Zerstörung 1793 durch französische Revolutionstruppen wurde die Ruine in eine katholische Kirche umgewandelt. Das Fehlen der Zwischenwände gefährdete die Standsicherheit, sodass man eine neue Nutzung als Gerichtsgebäude beschloss. Die Umbaumaßnahmen wurden 1867–69 durchgeführt. Nach der Zerstörung im 2. Weltkrieg wurde das Schloss in seiner barocken Form wiederhergestellt und ist seither wieder Sitz des Oberlandesgerichts.
Über einen langen Zeitraum musste die katholische Gemeinde in Zweibrücken ohne eigene Kirche auskommen, nachdem die Alexanderkirche 1533 in den Besitz der Protestanten übergegangen war. Nachdem auch das Schloss als Kirche aufgegeben werden musste, errichtete man hinter dem Schloss in der zweiten Hälfte des 19. Jhs. die Hl. Kreuzkirche in neugotischen Formen. Beim Wiederaufbau konnten Teile der Umfassungsmauern und der Chor in den Neubau übernommen werden.

Zweibrücken

Burg Trifels über Annweiler

Über der Stadt Annweiler im Tal der Queich an der alten Straße von Metz in die Rheinebene erheben sich drei Berge mit den Burgruinen Trifels, Anebos und Scharfenberg oder Münz, eine landschaftlich wie historisch einmalige Situation. Kurz vor seinem Tod bestimmte Kaiser Heinrich V. den Trifels zum Aufbewahrungsort der Reichskleinodien. Diese blieben dort – mit Unterbrechungen – von 1126 bis 1298. Der Trifels war Gefängnis für hohe Staatsgefangene wie den englischen König Richard Löwenherz, der 1193/94 hier inhaftiert war, bis ihn der Sage zufolge sein treuer Diener Blondel, als Sänger verkleidet, dort fand. Gegen hohes Lösegeld kam der König frei. Von hier trat Kaiser Heinrich VI. 1194 seinen Zug nach Sizilien an, der zur Unterwerfung des Normannenreiches führte. Damals brachte man auch den erbeuteten normannischen Kronschatz auf die sichere Burg. 1219 erhob Kaiser Friedrich II. Annweiler zur Reichsstadt. Bald danach verlor der Trifels an Bedeutung. Er wurde 1330 an Kurpfalz verpfändet und kam 1410 an Pfalz – Zweibrücken. 1602 zerstörte ein Brand infolge Blitzschlages die Burg, die dann verlassen wurde und als Steinbruch diente. 1815 kam der Trifels mit der Pfalz an Bayern. Bereits in den 1840er Jahren gab es Pläne für einen Wiederaufbau. 1866 wurde der Trifelsverein gegründet. Auf Initiative des aus der Pfalz stammenden Ministerpräsidenten von Bayern, Ludwig Siebert, wurde ein Ausbauprojekt geplant, mit dessen Realisierung man 1938 begann. Ziel war die Einrichtung einer „nationalen Weihestätte". Wie anderswo versuchten die Nationalsozialisten auch hier an die glanzvolle Reichsgeschichte des Mittelalters anzuknüpfen.

Der Ausbau nach Plänen von Rudolf Esterer geriet während des 2. Weltkriegs ins Stocken, wurde dann nach dem Krieg bis 1966 vollendet, jetzt ohne ideologischen Überbau. So dominieren heute die neueren Teile, vor allem der monumentale Bau des Palas neben dem stauferzeitlichen Kapellenturm.

Trifels bei Annweiler

Bauteile und Ruinen verschiedener Epochen von der Salierzeit bis ins 20. Jh. machen den Bestand des Trifels aus. Bedeutendster Teil der Burg ist der bis auf sein oberstes Geschoss aus dem 12. Jh. stammende Kapellenturm, der zugleich Bergfried und Torturm war. An dem mit Buckelquadern verkleideten Bau springt nach Osten ein halbrunder Erker über figürlichen Konsolen vor, der Chor der Burgkapelle. In die Zeit des mittleren 13. Jhs. gehörte der Palas, der über originalen Resten 1938–1950 neu errichtet wurde. Der Bering der Burg bildet ein lang gestrecktes Dreieck mit Zwingermauern aus verschiedenen Bauabschnitten.
Als letzte der drei Burgen über Annweiler entstand der Anebos auf dem mittleren der drei Gipfel. Die im 12. Jh. gegründete Burg wurde vermutlich schon rund 200 Jahre später wieder aufgegeben. Sie diente dem Schutz des Trifels und war Sitz eines Reichsministerialengeschlechts. Mauerwerk ist nicht erhalten. Der Fels, der sog. Dickkopf, der vermutlich einen Turm trug, zeigt Bearbeitungsspuren wie beispielsweise Balkenlöcher.
Auf dem südlichen der drei Berggipfel liegt die Ruine der Burg Scharfenberg, die auch „Münz" genannt wird, da man hier die Annweiler Münze vermutete. Nach dem Trifels im 12. Jh. als Reichsburg gegründet, fiel sie 1356 an die Abtei Weißenburg, später an Zweibrücken. Nach ihrer Zerstörung im Bauernkrieg 1525 wurde die Anlage nicht mehr aufgebaut. Erhalten ist noch bis in 20 m Höhe der mit Buckelquadern verkleidetet Bergfried der Oberburg. Der Dichter Victor von Scheffel charakterisierte die Annweiler Burgen treffend als "Burgdreifaltigkeit".

Dahner Burgen

Mitten im Pfälzer Wald gelegen stehen auf fünf zerklüfteten hohen Sandsteinfelsen die noch immer eindrucksvollen Ruinen der Dahner Burgen: Tanstein, Grafendahn und Altdahn. Die Felsen sind nicht nur Unterbau sondern Bestandteil der Burgen. Aus den Felsen wurden Kammern, Gänge und Treppen gehauen, sodass die Burgen aus den Felsen heraus zu wachsen scheinen. Über ihre Baugeschichte ist wenig bekannt. Die Anfänge liegen wohl im späten 12. und frühen 13. Jh. Das Geschlecht derer von Dahn erscheint erstmals im 12. Jh. Als Ministeriale (ursprünglich unfreie Gefolgsleute, die als Güterverwalter eingesetzt wurden) sowohl des Reiches als auch des Speyerer Bischofs hatten sie sich offensichtlich Verdienste erworben, waren mit der Verwaltung einer Burg betraut worden und in den Ritterstand aufgestiegen. Durch Aufspaltung in verschiedene Familienzweige kam es zu mehreren Burggründungen, zum Besitz der Herren von Dahn gehörte auch die einige Kilometer entfernte Burg Neu-Dahn. Für kurze Zeit wurde der gesamte Besitz im späten 15. Jh. noch einmal in der Hand des Neu-Dahner Zweiges vereinigt, bevor 1603 nach dem Aussterben der Edlen von Dahn das Gebiet endgültig an verschiedene Eigentümer ging. Zu dieser Zeit waren die Burgen nicht mehr bewohnt. Ihre Lage auf schroffem Felsen war für den Ausbau zur Festung ungeeignet, der eingeschränkte Platz ließ keinen zeitgemäßen Wohnkomfort zu.
Tanstein liegt auf den beiden westlichen Felsen – im Bild links – an der Spitze des Felsrückens. In einer Urkunde des 13. Jhs. ist überliefert, dass vier Ritter von Dahn mit ihren Familien auf der „Burg zu Tan" lebten, möglicherweise sind damit aber alle drei Burgen gemeint. Von Tanstein sind nur noch wenige Reste der Umfassungsmauern und eine tiefe Zisterne erhalten. Ursprünglich waren die beiden Burgfelsen durch eine Brückenkonstruktion verbunden. Im 16. Jh. wurde die Anlage als nicht mehr bewohnbar bezeichnet.
Auf dem mittleren Felsblock thront Burg Grafendahn, die kleinste der drei Burganlagen. Auch von ihr lassen sich nur noch Reste der Bebauung erkennen. Imposant ist die Schildmauer gegen Burg Tanstein, eine mit Buckelquadern verkleidete, 4 m dicke Sandsteinmauer, die sich zum Teil noch bis in beträchtliche Höhe erhalten hat. Dies wirft ein Licht auf das Verhältnis der Burgherrn zueinander, das offensichtlich von tiefem Misstrauen bestimmt war. Auch von dieser Burg wird berichtet, dass sie im 16. Jh. verlassen wurde. Am Fuß des Felsens von Grafendahn wurde in jüngerer Zeit unter Einbeziehung mittelalterlicher Ruinen ein neues Gebäude errichtet. Es beherbergt das Burgmuseum mit Streufunden aller Burgen und dokumentiert die Wohnkultur auf Felsenburgen des Mittelalters.
Die am besten erhaltene und größte Burgruine ist Altdahn auf den beiden östlichen Felsen. Sie entstand wohl auch im 13. Jh., wurde aber über mehrere Jahrhunderte immer weiter ausgebaut, häufig nach kriegerischen Auseinandersetzungen. Zum frühen Bestand gehört der gut erhaltene Turm mit dem anschließenden Palas, der bis zu einer Höhe von zwei Stockwerken erhalten ist. Der prächtigste und größte Raum, der Große Saal (Rittersaal) nahm das Erdgeschoss ein. Die großen Fenster mit ihren Sitznischen in beiden Geschossen zeugen von hoher Wohnkultur. Der mächtige runde sog. Geschützturm wurde im 15. Jh. erbaut. Auch er wurde mit Buckelquadern verkleidet, die aber zum Zeitpunkt seiner Entstehung üblicherweise nicht mehr verwendet wurden. Den östlichsten Felsen von Altdahn konnte man nur über eine Brücke erreichen, auf ihm befand sich ein Wartturm.

ÜBERSICHTSKARTE

Altenkirchen (Ww.)
Altenkirchen (Westerwald)
Neuwied
Westerwaldkreis
Bad Neuenahr-Ahrweiler
Ahrweiler
Neuwied
Montabaur
Mayen-Koblenz
Koblenz
Bad Ems
Rhein- Lahn- Kreis
Vulkaneifel
Daun
Cochem-Zell
Cochem
Eifelkreis Bitburg-Prüm
Bitburg
Wittlich
Bernkastel-Wittlich
Rhein-Hunsrück-Kreis
Simmern (Hunsrück)
Ingelheim am Rhein
Mainz
Mainz-Bingen
Bad Kreuznach
Bad Kreuznach
Alzey
Alzey-Worms
Trier
Trier-Saarburg
Birkenfeld
Birkenfeld
Kirchheimbolanden
Donnersbergkreis
Worms
Kusel
Kusel
Frankenthal (Pfalz)
Ludwigshafen am Rhein
Kaiserslautern
Kaiserslautern
Bad Dürkheim
Bad Dürkheim
Rhein-Pfalz-Kreis
Neustadt an der Weinstraße
Speyer
Zweibrücken
Südwestpfalz
Pirmasens
Südliche Weinstraße
Landau in der Pfalz
Germersheim
Germersheim
1 2 3 4 5 6 7 8 9 10 11 12 13 14 15 16 17 18 19 20 21 22 23 24 25 26 27 28 29 30 31 32 33 34 35 36 37 38 39 40 41 42 43 44 45 46 47 48 49 50 51 52 53 54 55 56 57 58 59 60 61 62 63 64 65 66 67 68 69